Research on Language Education and Culture Communication

Volume 1

语言教育与文化传播研究

第1辑

主　编　马晓乐

副主编　周汶霏　崔依冉

山东大学出版社

SHANDONG UNIVERSITY PRESS

·济南·

图书在版编目(CIP)数据

语言教育与文化传播研究. 第1辑 / 马晓乐主编 ; 周汶霏，崔依冉副主编. -- 济南 ：山东大学出版社，2024. 7. --ISBN 978-7-5607-8370-3

I. H09

中国国家版本馆 CIP 数据核字第 2024CX8371 号

策划编辑　刘　彤
责任编辑　毛依依
封面设计　王秋忆

语言教育与文化传播研究　第1辑

YUYAN JIAOYU YU WENHUA CHUANBO YANJIU DI 1 JI

出版发行　山东大学出版社
社　　址　山东省济南市山大南路20号
邮政编码　250100
发行热线　(0531)88363008
经　　销　新华书店
印　　刷　济南乾丰云印刷科技有限公司
规　　格　720毫米×1000毫米　1/16
　　　　　14.75印张　196千字
版　　次　2024年7月第1版
印　　次　2024年7月第1次印刷
定　　价　56.00元

《语言教育与文化传播研究》编委会

（按姓氏音序排列）

前　言

“求木之长者，必固其根本；欲流之远者，必浚其泉源。”[①]文化是一个国家、一个民族的灵魂，承载着民族的历史记忆、智慧结晶和精神追求，塑造了一个民族的性格和气质。习近平总书记强调，“一个国家、一个民族的强盛，总是以文化兴盛为支撑的，中华民族伟大复兴需要以中华文化发展繁荣为条件”[②]。文化不仅代表了过去，更指引未来。立足于五千多年文明史，传承中华优秀传统文化、推进文化创新、在文明交流互鉴中走向世界，是中华文明赋予中国式现代化的根基和底蕴。

文化人类学者露丝·本尼迪克特在《文化模式》一书的扉页写道：“开始，上帝就给了每个民族一只陶杯，从这杯中，人们饮入了他们的生活。”[③]这里的“陶杯”是对文化模式的隐喻，代表了文化形貌论的观点，也揭示了文化的形塑功能和日用而不知的客观价值，它影响着不同地域、不同种族、不同国家人们的思维方式、行为模式和价值观念，内蕴着人们的理性确认、身份认同、情感归属、实践准则和审美通约，是影响社会发展

① 魏征：《谏太宗十思疏》，刘昫等：《旧唐书》，中华书局1975年版，第2551页。

② 《习近平在山东考察时强调　认真贯彻党的十八届三中全会精神　汇聚起全面深化改革的强大正能量》，《人民日报》2013年11月29日。

③ [美]露丝·本尼迪克特：《文化模式》，王炜等译，生活·读书·新知三联书店1988年版，第5页。

的重要动力机制和秩序系统。而就外部化的视角而言，文化价值观愈发成为处理国际关系的重要标尺，伴随全球化程度的日益深化，不同文化在文明交流互鉴中各展其彩，促进相互理解与对话，倡导平等与尊重，共同助推人类文明的繁荣和发展。

在文化众多的构成要素中，语言的价值独具特色，“一个国家文化的魅力、一个民族的凝聚力主要通过语言表达和传递”①。语言是文化的血脉，是历史的回响，也是表情达意的桥梁和纽带，它记载了人类文明的演进，也见证了文化传播的绵绵赓续。语言是文化的载体，是人们的交际触媒，而传播是社会交往的实质，语言教育与文化传播，二者如影随形，无论是社会个体还是族群生活，都身处语言与文化传播的框架下、语境中；不同文明之间交流互鉴的事实也融入语言与文化传播的实践中，无论是徐福东渡、玄奘西行、郑和下西洋，还是儒释道思想的汇通，抑或法语联盟、歌德学院、英国文化委员会的语言国际推广和孔子学院的中文教育，也包括当下经典戏剧、流行音乐、“网红”文学的全球流通和世界主要国家积极推进的教育国际化等，无不彰显了语言教育与文化传播的社会功能与价值。今天的中国，积极融入世界多语言和多元文化共生的版图中，主动参与全球语言文化治理和文明交流互鉴，“让世界更好认识中国、了解中国，需要深入理解中华文明”②，将中华文明的“道”与国际传播的“术”有机结合，推动国际语言教育与中外文化交流合作，讲好全面立体真实和可信可敬可爱的中国故事，是现实意义和学术价值兼备的时代命题。

《语言教育与文化传播研究》集刊立足以上时代背景，致力于扎根学术，叩问时代之思，聚焦语言教育与文化传播的现象与实践、原理与规律、机制与政策、意义与价值等问题，汇聚语言学、教育学、传播学、社

① 《习近平同德国汉学家、孔子学院教师代表和学习汉语的学生代表座谈 强调掌握一种语言就是掌握了通往一国文化的钥匙》，《人民日报》2014 年 3 月 30 日。

② 《习近平给〈文史哲〉编辑部全体编辑人员回信》，《人民日报》2021 年 5 月 11 日。

会学等跨学科学理依据和方法，坚持学术性、创新性、国际化、开放性，着力探索新时代中国叙事体系和中国话语体系建设。

集刊的前身是学术论文集，并分别于2013年、2019年和2022年出版过三辑，为进一步推动学科建设，汇聚学术与人才力量，促进研究成果的常态化发布，升级为学术集刊。“语言与文化传播”是山东大学于2009年在中国语言文学一级学科下自主设置的二级学科，并获批985三期重点学科建设项目。十余年来，该学科培养中外硕士和博士研究生700余名，为国际化、复合型、创新性高层次人才培养作出贡献。很多外籍毕业生成为海外本土中文教师、外国政府官员、高校教育管理者等高层次人才，有的成长为青年汉学家和中外经贸领域的精英人才，成为新时代知华友华的青年代表。中国的硕士和博士毕业生围绕语言教育、跨文化交流、国际传播、教师教育、国际中文教育等开展研究，如《法语国际传播政策与实践研究》《数字技术对国际中文教育知识传播的影响研究》《后方法理论视域下对外汉语教师实践性知识研究》《国际中文教育志愿服务研究——以“国际中文教育志愿者项目”为分析依据》《社交媒体中的官方叙事与中国国家形象建构研究》《新时代国际中文教育多中心治理研究》《现代汉语拷贝式话题结构的认知语用研究》等。学科特色之一是围绕孔子学院等代表性语言教育机构形成跨学科研究成果集群，如《孔子学院教育功能研究》《孔子学院社会资本研究》《孔子学院：国际理解教育的实践研究》《作为媒介的孔子学院——基于媒介环境学的视角》等。2024年，山东大学申报建设教育专业学位博士授权点，“语言教育与文化传播”是其中重要的研究方向之一。《语言教育与文化传播研究》集刊的诞生，承载着山东大学在此学科方向上创新发展的信念和前进路向，也是山东大学教育高等研究院的成果之一。希望在国内外专家学者的支持、指导下，共同探索语言教育与文化传播的新理论、新方法、新技术，深耕学术土壤，培育思想果实。

集刊编纂得到学校相关职能部门的大力支持，得到国际中文教育领域和语言研究、教育研究、传播研究领域等知名专家学者的支持和指导，他们不吝赐稿，为集刊如期面世和可持续发展打下了良好基础。集刊常设语言研究、教育研究、传播研究、国别研究等栏目，本辑共收录14篇文章，汇聚了来自多学科领域知名专家学者的佳作。研究者们贯彻古今、融通中外，从多元视角探讨语言教育与文化传播的特点与规律、第二语言教学的发展与挑战，并在国别区域学成为一级学科和区域国别中文教育研究长足发展背景下，发布首届韩国中文教学国际学术研讨会的部分成果。不同栏目虽然视角不一、各具特色，但彼此相互补充，共同体现了对语言教育与文化传播的深入关切，揭示出这一研究主题的复杂性与多元化。依据本期所设栏目和收录文章，兹概述如下。

其一，关于语言研究。语言是文化的载体，不同的语言形式和表达方式有着特定的文化内涵；文化对语言具有塑造作用，不同文化背景造就了语法和语用的差异。语言可以传递文化信息、分享文化经验、表达文化观念，从而保持文化的连续性和传承性。《国际中文教育与中华文化传播》一文，高屋建瓴地呈现了国际中文教育与中华文化传播的密切联系，指出汉语教学是“润物细无声”地讲好中国故事、传播中国声音、阐述中国特色的重要渠道。由此，文章强调国际中文教育要责无旁贷地承担起中华文化的国际传播和国际传播能力建设的任务，并从他国需求、文化自身吸引力、国人良好形象、传播者良好心态四个方面剖析了中华文化有效传播的关键因素，提出了对外话语体系构建的路径。《由猿到人的转折：语言文化传播的易境性——从任意性符号编码说起》一文，提出语言符号的出现是人类文化易境传播的关键，以语言符号系统的产生这一人类进化过程中最重要的转折为研究脉络，融合历史学、考古学、生物学等交叉视角，梳理了语言对于人类发展与文化传播的重要性。《引起思考：从篇章再到句子》一文，呈现了研究者对于

《汉语的衔接》一书的相关思考，认为汉语有显逻辑接应和晦逻辑接应，而衔接是语篇必需的形式相关，连贯是语篇必需的意义相关。文章总结了对于汉语句子断句与衔接的系列思考，强调关切对前辈研究的再继承、树立对本民族语言与文化的真自信，由此延展出对于汉语教学中理性与感性的辨分。

语言的发展变化是一个持续不断的过程，网络语的流行是近年来的显著现象，它既丰富了语言的表达方式，也对传统语言规范提出了新挑战。《表典型性特征的流行构式"AB本B"研究》一文，关注"AB本B"这一现代汉语网络语言中的新兴高频表达式，从构式义、构式成分的特征、与形近构式"AB分B"的比较等角度进行分析，发现这些网络语言并不是凭空出现的，蕴含了说话人对该主体某方面性状特征高程度量的主观评价义。对于新兴网络构式进行分析，对了解语言的实时变化以及某段时间的社会心理很有必要，也为后续国际中文教师如何教给二语学习者最真实鲜活的语言提供了参照。

其二，关于教育研究。随着全球化的推进，第二语言教育变得至关重要，而随着中国经济实力增强、在国际交流中的地位持续提升，中文成为许多国家第二语言教育的关键内容。世界各国对中文教育的需求持续增长，许多国家已将中文纳入国民教育体系，并涌现出众多中文教育机构和交流项目。面对国际中文教育的蓬勃生机，《国际中文教育的发展问题》提出三教问题是国际中文教育的基本轨道，从教师学科构成与专业发展、学生跨学科人才培养等角度，高屋建瓴地分析了当前国际中文教育的发展现状与面临的挑战，提出国际中文教育学科的建设和发展需要突出内外结合、跨学科穿透、特殊点发力、错位发展等关键点。随着经济竞争加剧和全球化发展，思辨能力已成为未来社会和经济发展的必然要求，是备受国际组织和经济体重视的核心素养之一。《外语教师对思辨能力培养的认知研究》通过面向外语教师开展问卷调研与访谈，发现其对思辨能力培养的认知受教学经验、教育经历、性格特征、知识储备等个体因素和国家政策、学校文化、考试制度等社会文化因素影响，研究结果对促进外语教师专业发展和培养学生思辨能力具有启示意义。

教育是一个系统工程，既涉及教学方法与教学内容的创新与优化，也涉及学生内在情感的满足与支持。只有当学生的内在情感得到充分的关注和培养，他们才能真正投入学习中，实现自我价值的最大化。《语言教育中的情绪：外语焦虑与愉悦研究回顾与展望》就是从人本主义心理学和积极心理学视角，关注情绪这一外语学习中的关键要素，通过梳理外语焦虑与愉悦这两项外语学习中最常感知的情绪的发展阶段、理论基础与研究内容，提出未来研究应继续关注外语教育中的情绪，融合多样化理论，丰富研究内容，解决外语教育中的实际问题，为外语教育者和学习者提供更有效的教学策略和支持。

其三，关于传播研究。推动中国语言文化国际传播是一项系统工程，不仅要积极完善语言本体与中文教育的基础研究，也要打造中文传播品牌，共同推动中文与中华优秀传统文化的国际传播实践。《国际中文教育与国际传播的历史性合流》一文，从融合视域分析审视国际教育与国际传播的关系，提出教育的阶段性与传播的过程性都在国际传播过程中有各自先天的局限性与互补性的功能同构，为促进二者融合发展提出了系列切实可行的对策建议。伴随中国崛起与世界格局变化，语言与文化在国际传播过程中不可避免地面临着国际舆论场的博弈与平衡。《分裂与弥合：中国文化海外传播的认知断裂与数字缝合》一文，通过对社交媒体数据和受众进行分析，发现网络社会与民间社会在中国文化议题上存在主题偏向、情感态度与认知取向上的差异，对中国文化的认知呈现分裂现象，揭示了国外社会对中国文化认知的复杂性，提出“数字缝合”以缓解认知冲突、提升中国文化对外传播影响力的系列建议。《知识生产视角下的网络民族主义话语分析——以强国论坛“中国制造”话题为例》一文，在世界格局复杂化背景下重思网络民族主义，以中美贸易摩擦下的"中国制造"话语为个案，从知识生产的视角考察网络民族主义现象，对反思网络民族主义的非理性话语表达、预防激进的网络集群行为提出警醒。

其四，关于国别研究。随着各国对中文需求的日益增长，区域国别中文教育发展迎来新的机遇。韩国的中文教育历史久、规模大，韩国民众中文学习需求旺盛、专业发展程度高。为进一步加强中文教育合作交流，满足中文学习者区域化、分众化和专业化需求，推动国际中文教育高质量发展，世界汉语教学学会、山东大学与韩国延世大学于2023年联合举办了首届韩国中文教学国际学术研讨会，聚焦韩国中文教学实际。本书特意摘选该研讨会的部分优秀文章，涉及学习动机、中文教材、中文培训机构等多方面研究。

在学习动机研究方面，《韩国在线中文教育机构学习者课程使用意愿实证研究》以技术接受模型为理论框架，探讨学习者对在线中文课程的使用意愿及内外部影响因素的作用机制。通过面向韩国中文学习者开展问卷调查，发现感知有用性、感知易用性、课程质量均对其使用意愿具有显著影响力，并受到感知互动性和技术支持的间接影响，据此提出了提高在线中文教育机构学习者课程使用意愿的系列建议。

在中文教材研究方面，《韩国中文教材研究现状及可拓展空间》以洞察教材的编写与应用现状、探究区域国别中文教材发展的特点和规律为目标，对有关韩国中文教材的研究进行梳理，发现已有研究重点关注教材编写理念、语言要素、文化内容、语言技能、评估指标体系及其应用、教材与课程教学关系等主题，并提出未来韩国中文教材在教材汉字、教材文化、教材立体化建设及教材与标准大纲关系等方面仍有可拓展的空间。《从韩国版〈博雅汉语〉看国际中文教材的本土化改编》关注韩国版权输出类中文教材，选择《博雅汉语》与其韩国版《地地道道中国语》作为研究对象进行个案分析。对全书体例、单课体例、装帧设计等教材形式和语音、词汇、语法等教材内容进行对比分析，概括韩国国际中文教材本土化改编的特点，并从增强教材内容的针对性、提高教材内容的科学性、探索数字化出版模式等方面提出国际中文教材的本土化改编建议。

民间化、本土化、市场化是语言传播发展的必然要求，中文培训机构的发展与中文市场关联度越来越高。韩国是目前全世界中文教育教学规模最大、教育市场最发达的国家之一。自20世纪90年代以来，中文培训教育在韩国中文教育体系中发挥了重要作用，其发展过程对于海外中文传播具有重要意义。《论韩国汉语教育机构的民间化与本土化发展》一文，梳理了韩国的中文教育活动从政府或正规教育机构向社会民间组织、私人机构、个人教师等非官方渠道转移的过程，分析了韩国中文教育机构民间化与本土化的发展特征，指出了韩国中文教育机构在复杂动荡的国际局势中所面临的语言市场调整挑战，从招生方式、教学模式、培训机制和市场需求等多方面提出了未来发展建议。

《语言教育与文化传播研究》坚持本土化根基和全球化视野，立足彰显中国语言与文化特色，秉承新文科理念，强调跨学科思维与方法，关注对语言教育与文化传播的现象、经验、规律、功能、价值等问题的专门研究与探讨，力图为从事语言教育与文化传播工作的广大师生和从业人员提供具有创新性、引领性、科学性的理论与实践参考。作为一个开放共享的学术交流平台，本集刊欢迎更多的学者同人加入语言教育与文化传播研究中，期待融聚更多专家学者的宝贵成果、见解与建议，共同为语言教育的提质增效、融通中外文化、增进文明互通互鉴、建设国际话语体系、助推学科建设与发展贡献智慧。

马晓乐

2024年7月于济南

目录

语言研究

传播研究

教育研究

韩国中文教学国际学术研讨会专栏

语言研究

国际中文教育与中华文化传播

陆俭明*

【摘要】 国际中文教育要责无旁贷地承担起中华文化的国际传播和国际传播能力建设的任务。要完成好这一任务，必须明了与深刻认识到以下几点：一是国际中文教育应该传播的中华文化；二是国际中文教育是中华文化最重要的传播渠道；三是决定中华文化有效传播的四个因素；四是国际中文教育要建设好对外话语体系。文章对此均作了具体论述。最后，文章指出，国际中文教育定能完成自己所承担的任务，起到推动构建人类命运共同体的作用，为构建人类命运共同体作出自己应有的贡献。

【关键词】 国际中文教育；中华文化；国际传播能力建设；对外话语体系建设

引 言

习近平总书记于 2021 年 5 月 31 日在中共十九届中央政治局第三十次集体学习时的讲话中指出："要更好推动中华文化走出去，以文载道、以文传声、以文化人，向世界阐释推介更多具有中国特色、体现中国精神、蕴藏中国智慧的优秀文化。"党的二十大报告专门谈到"增强中华文明传播力影响力"的问题，强调要"加强国际传播能力建设，全面提升国际传播效能，形成同我国综合国力和国际地位相匹配的国际话语权。深化文明交流互鉴，推动中华文化更好走向世界"。而我国于 2023 年 7 月 1 日正式颁布实施的《中华人民共和国对外关系法》第四十四条更明

* 作者简介：陆俭明，北京大学中国语言学研究中心/中文系，教授，博士生导师，兼任国家语委咨询委员会委员、国际中国语言学学会会长。

文规定:“国家推进国际传播能力建设,推动世界更好了解和认识中国,促进人类文明交流互鉴。”这是国际传播能力建设首次以法律形式确定下来。

中华文化的国际传播和国际传播能力建设,首先应该由国家的各类媒体来承担,而国际中文教育也应责无旁贷地承担起这一任务。要完成好这一任务,必须明了与深刻认识到以下几点:一是国际中文教育应该传播的中华文化;二是国际中文教育是中华文化最重要的传播渠道;三是决定中华文化有效传播的四个因素;四是国际中文教育要建设好对外话语体系。

一、国际中文教育应该传播的中华文化

中国是一个文明古国,又是一个在近代饱经蹂躏与欺压而如今在中国共产党领导下迅速崛起,经济、科技、国防等各方面飞速发展,国际地位日益提升,逐渐在国际上具有举足轻重的地位,让世人刮目相看的和平大国。中国既拥有光辉灿烂、神奇深邃的古老文明,又有各民族交织、中外交融的现代文化。中华文化可谓博大精深,当然要传播出去,融入国际多元文化的大家庭中。

国际中文教育从性质上说属于现代外语教学,而任何现代外语教学无不伴随着文化教育。这是由两个方面的因素所决定的。

一方面,语言与文化密切相关。语言文字是文化的载体,是一个民族、一个国家的“根”;文化则是一个民族、一个国家的“魂”。姚喜双指出:“语言的诞生,标志着人从动物世界走出,开启了文明进程。文字的出现,加速了人类文化的进程,极大地促进了人的发展和社会进步。”[①]显然,一个民族的文化就依附在语言文字上,这就决定了任何语言的二

① 姚喜双:《以语言文字助力中华文化创新发展》,《光明日报》2017年11月19日。

语教学（对他国来说即“外语教学”）必然伴随着文化教育。

另一方面，文化传播具有“必然性”和“双向性”。文化具有民族性、地域性，这就决定了不同民族与不同国家之间的相互接触必然会造成文化的互相交流，因此文化传播具有“必然性”。文化传播的“双向性”具体体现在任何民族、任何国家都希望将自己的文化往外传播，让其他民族、其他国家了解、认可乃至认同、吸纳；同时，任何民族、任何国家也需要了解别的民族、别的国家的文化，从中吸取自己所需要的营养，以不断丰富自己民族、自己国家的文化。文化传播的“必然性”和“双向性”决定了任何民族、任何国家都会利用自己语言的二语教学来传播自己的文化。

因此，任何现代外语教学都伴随着文化教育。毋庸讳言，国际中文教育也必然伴随着中华文化教育。问题是当今国际中文教育该伴随什么样的中华文化教育。如上所说，中华文化博大精深，国际中文教育伴随的中华文化教育，不能什么都包括，应该突出重点，应该“有所为有所不为”。总的精神如习近平总书记于2021年5月31日在中共十九届中央政治局第三十次集体学习时的讲话中所指出的：“向世界阐释推介更多具有中国特色、体现中国精神、蕴藏中国智慧的优秀文化。”具体来说，笔者认为应该着重突出三个方面。

第一个方面，中国古代优秀文化。我国有五千多年的历史，古代文化源远流长，既有包括“四大发明”的“硬文化”，也有如习近平总书记于2022年5月27日在中共十九届中央政治局第三十九次集体学习时的讲话中指出的能“展现中华文明的悠久历史和人文底蕴”、蕴含“全人类共同价值”的“软文化”。[①] 在国际中文教育中要着重“化入”能“展现中华文明的悠久历史和人文底蕴”、蕴含“全人类共同价值”的“软文化”。

① 关于“硬文化”“软文化”之说，参见陆俭明：《汉字的独特性与中华文化之海外传播》，北京师范大学民俗典籍文字研究中心编：《民俗典籍文字研究》第22辑，商务印书馆2018年版；陆俭明：《试论中华文化的传播》，《学术交流》2019年第4期。

诸如“和合共生，天下一家”的“大同”思想，“和而不同”的思想，“兼包并蓄”的思想，“海纳百川，有容乃大”的开放包容文明观，“取彼之长，补己之短”的“交流互鉴”观，“老吾老以及人之老，幼吾幼以及人之幼”“人民至上，生命至上”的人道主义观，等等。中华文明本身就具有“讲仁爱、重民本、守诚信、崇正义、尚和合、求大同”的中华民族的文明智慧：“讲仁爱是和平的基础，重民本是发展的核心，守诚信、崇正义是公平正义的内容，尚和合、求大同是民主自由的理想。”①

第二个方面，作为人类文明新形态的中国式现代化的当代文化。中国在共产党领导下进入了一个建设社会主义现代化强国的新时期，需要将当代中国社会、政治、经济、交通、文化、教育、科技、生态、体育，以及精准扶贫、乡村振兴、依法治国、绿色发展、“一带一路”、构建人类命运共同体等主题内容融入国际中文教育中，“旨在帮助学习者全面了解中国国情和制度政策，直观感知当代中国的发展变化，读懂中国发展背后的深层逻辑，同时结合自身的文化背景与经历、见闻，从国际视角理解中国议题”②。

第三个方面，我国特有的“汉字文化”。汉字是中华文化的主要载体。中华民族博大精深的文化，中华民族在哲学、文化、科技上的巨大创造与辉煌成果，主要是靠汉字记录、传承下来的，而且这在人类历史上已经对世界各国产生了深远的影响。汉字同时是一种艺术，从而形成了独特的“汉字文化”。这是由汉字的独特性所决定的。汉字的独特性是由汉语的特点、汉字的特点、汉字与汉语关系的特点以及汉语的“文字与语言接口”的特点所决定的。③ 汉字文化艺术主要体现在独特的中国书法上。中国书法“具有独特艺术魅力和深厚文化内涵”，早已

① 秦龙、李晓曼：《夯实构建人类命运共同体的文明根基》，《学术论坛》2018 年第 2 期。

② 刘利总主编：《理解当代中国　高级中文听说教程》，外语教学与研究出版社 2022 年版，“前言”，第Ⅱ页。

③ 参见陆俭明：《汉字的独特性与中华文化之海外传播》，《民俗典籍文字研究》2018 年第 2 期。

成为中外闻名的一门独特艺术。对于中国书法，人们可以从章法、笔法、线条、结构、墨法、节奏、气韵、入古、出新等不同视角去品评、去欣赏。① 汉字文化艺术还体现在融汇汉字、书法、绘画三者的“谐音字画”艺术。“‘谐音字画’，又称字画谐音，是一门借助‘图’与‘字’之间的谐音联想，用‘图像表达文字意义’的视觉艺术。”②举例来说，《百事如意图》（见图1）的整个画面由“柏树枝”“柿子”“如意”这三种图像构成。其中，“柏树枝”的“柏”与“百”谐音，“柿子”的“柿”与表达“事情”的“事”谐音，“如意”既可作为名词，表示这件装饰物件的名称，又可作为动词，表示“如其所意”；三者组合在一个画面中，意即“百事如意”。再如齐白石的《多利》（见图2）这幅画，画面是满满一提篮的荔枝。“荔”与“利”谐音，画意即“多利”。显然，“谐音字画”包含三个要素——汉字、图像、谐音；汉字与图像之间通过谐音联想，以表作者之情和意。

图1 《百事如意图》

图2 《多利》

国际中文教育所伴随的上述三方面的中华文化，可以很好地向世界讲好中国故事，传播好中国声音，阐释好中国特色；可以向世界传递中国精神、中国价值、中国力量，有利于塑造开放自信、谦逊谦和、可信、可爱、可敬的中国形象。

① 参见崔希亮：《独特的艺术魅力 深厚的文化内涵》，《中国民族》2024年第1期。
② 赵华：《谐音“画”汉字》，北京大学出版社2012年版，第2页。

二、国际中文教育是中华文化最重要的传播渠道

传播中华文化有多种渠道，诸如通过国家或民间的国际文化交流，包括举办各种展览（包括影视展）、博览会，互访演出，举行各种友谊比赛，互相进行各种学术访问、学术演讲，举行国际学术研讨会等；通过媒体宣传、介绍，以让世人了解；通过旅游，吸引别国民众来到自己国家旅游，让他们亲身实地、更为全面地了解、体会、认识当地文化；通过本民族、本国语言的二语教学（就他国来说是外语教学），传播本国文化；等等。每个传播渠道都重要、都需要，而其中二语教学是最为重要的渠道。对我们国家来说，国际中文教育是中华文化最重要的传播渠道。为什么这样说？原因体现在以下两个方面。

第一个方面，在汉语教学过程中，用“随风潜入夜，润物细无声”的策略方法，让外国汉语学习者在学习汉语的过程中潜移默化地了解、认识、接受中华文化，需要有好的教材，需要依靠富有教育责任心、善于运用有效的教学方法的汉语老师。

第二个方面，也是更重要的方面，我们需要通过国际中文教育为世界各国培养高素质、高水平的中文人才，特别是中文教师、中文翻译等。由他们来向他们国家的民众“讲中国故事”，介绍中国的文化；更由他们来直接介绍与翻译、出版中国的古今优秀作品，包括影视作品，让他们国家的民众来阅读和观看，来具体了解中华古今文化。关于这一点，我们需要换位思考，想想我们是怎么了解各国文化的，主要是通过什么渠道了解的。我们并不仅仅通过阅读来自法国、英国、德国、西班牙或日本等这些国家的原著才了解这些国家的文化，还通过看中国各外语语种的翻译人员的介绍和译作来了解。世界各国民众了解中华文化的主要渠道不也是这样吗？总之，毫无异议的是，国际中文教育是最为重要的传播中华文化的渠道。

三、决定中华文化有效传播的四个因素

国际中文教育是最为重要的传播中华文化的渠道，然而真要取得实效，还需要多方面配合与努力。在这里需要让大家了解一下决定中华文化有效传播的四个因素。①

第一个因素是别的国家、别的民族对中华文化的需求。这包括他们国家和民族发展的需要，他们国家的民众生存的需要、精神生活的需要（如欣赏的需要）。如果需要，他们就会积极主动地来了解，来学习，来有选择地吸收。

第二个因素是文化自身对各国、各民族所具有的吸引力、感染力，也就是魅力。古希腊的荷马，意大利的阿利盖利·但丁，英国的莎士比亚，法国的莫里哀、巴尔扎克，西班牙的塞万提斯，德国的歌德，奥地利的卡夫卡，俄国的果戈理、陀斯妥耶夫斯基、屠格涅夫、托尔斯泰，美国的海明威，印度的泰戈尔等人的文学作品以及德国的《格林童话》、丹麦的《安徒生童话》；意大利的达·芬奇、荷兰的梵高、西班牙的毕加索等人的绘画；德国的贝多芬、约翰·塞巴斯蒂安·巴赫、施特劳斯，波兰的肖邦，奥地利的舒伯特、莫扎特，俄国的柴可夫斯基等人的音乐作品，这些之所以能脍炙人口、传遍世界各国，成为具有永恒性的作品，靠的就是超越民族、超越国界的艺术魅力。

第三个因素是国人的良好形象。这是达到有效文化传播的一个非常重要的因素。常言道："自尊者人尊，自重者人重，自敬者人敬。"在生活中大家也都会有这样的体会。对于人见人爱的事物，人们会自觉不自觉地要了解它，仰慕它，接受它；而对于人见人厌的东西，人们会自然地排斥它。我们要想让中华文化融入国际多元文化大家庭，不能不好

① 参见陆俭明：《汉字的独特性与中华文化之海外传播》，《民俗典籍文字研究》2018 年第 2 期。

好思考国人自身的形象问题。外派外访的国家工作人员、汉语教师以及自费出访的中国公民包括旅游者，就是中华文化的形象大使，就是中华文化的传播窗口与镜子，他们的言谈举止直接关系到我国国际形象的塑造。所以习近平总书记于2021年5月31日在中共十九届中央政治局第三十次集体学习时的讲话中指出："要注重把握好基调，既开放自信也谦逊谦和，努力塑造可信、可爱、可敬的中国形象。"如果我们都能做到习近平总书记所说的那样，中华文化的传播就会有成效；反之，如果国人在海外不遵守当地的规约和习俗，大声喧哗，随地扔垃圾，该排队时不排队，处处摆阔，有意无意地呈现某种傲气和霸气等，就不会给世人留下良好的印象，就会直接或间接地影响中华文化的传播。

第四个因素是传播者的良好心态。文化的呈现心态也很重要，一定要摆正。李泉指出，"对己方文化不炫耀、不溢美"，"对他方文化不贬损、不排斥"。在我们汉语教科书中乃至整个汉语教学过程中，"树立一个开放的中国形象，一个尊重世界各民族文化，愿意与世界各民族平等相待的中国形象"。[①] 笔者很认同李泉的观点。如习近平总书记于2022年5月27日在中共十九届中央政治局第三十九次集体学习时的讲话中所指出的："要坚持弘扬平等、互鉴、对话、包容的文明观，以宽广胸怀理解不同文明对价值内涵的认识，尊重不同国家人民对自身发展道路的探索，以文明交流超越文明隔阂，以文明互鉴超越文明冲突，以文明共存超越文明优越，弘扬中华文明蕴含的全人类共同价值，推动构建人类命运共同体。"

如果我们能具备上述中华文化有效传播的四个因素，中华文化在国际上就会获得有效传播。

① 参见李泉：《文化内容呈现方式与呈现心态》，《世界汉语教学》2011年第3期。

四、国际中文教育要建设好对外话语体系

中华文化要得到有效传播，还必须重视并加强国际传播能力建设。2023 年 10 月 7 日至 8 日召开了全国宣传思想文化工作会议。习近平总书记对宣传思想文化工作作出重要指示，提出“七个着力”，最后一个“着力”就是“着力加强国际传播能力建设、促进文明交流互鉴”①。在传播能力建设中，一个很重要的内容就是“精心构建对外话语体系”。2013 年 12 月 30 日，习近平总书记在中共十八届中央政治局第十二次集体学习时的讲话中就强调“要加强国际传播能力建设，精心构建对外话语体系”。2021 年 5 月 31 日，习近平总书记在中共十九届中央政治局第三十次集体学习时的讲话中又一次强调“要加快构建中国话语和中国叙事体系”。

对外话语是一个国家面向世界进行自我陈述的一种话语实践活动。建设好中国对外话语体系是“讲好中国故事，传播好中国声音”的一项重要举措。开展国际中文教育，也要建设好对外话语体系。这里仅就如何对内、对外宣传国际中文教育说一点意见。

关于国际中文教育（最早叫“对外汉语教学”，后更名为“汉语国际教育”），现已停止“推广”（“推广汉语和中华文化”）说。“推广”说应该从对外话语体系中剔除。武汉大学赵世举教授说得好：必须改变“推广”“传播”等这样的说法，要调整方略、调适话语，将为我之举转化为为人之举，从为人中实现为我，实现共赢。②

那么，该怎么宣传“国际中文教育”呢？笔者认为，需要树立“桥梁

① 《习近平对宣传思想文化工作作出重要指示强调　坚定文化自信秉持开放包容坚持守正创新　为全面建设社会主义现代化国家　全面推进中华民族伟大复兴提供坚强思想保证强大精神力量有利文化条件》，《人民日报》2023 年 10 月 9 日。

② 参见赵世举教授于 2021 年 12 月 12 日在浙江师范大学举行的“非洲国际中文教育联盟启动仪式暨非洲国际中文教育研讨会”上的（线上）报告，他的报告题目是“(2021)，构建以语言服务为理念的多元化国际中文教育体系”。

工程”的理念。具体来说，国际中文教育，就性质而言，是一项桥梁工程，即为世界各国建造通向中国和华人社区、起交流互鉴作用的友谊之桥——“汉语桥/中文桥”，为世界各国民众学习汉语/中文，从而深度感知中国、了解中国提供帮助。这就是说，我们开展国际中文教育完全是“为人之举”。这并不只是说给别人听，我们也必须具有这样的认识与理念。为什么？我们还需了解这样一点——前面说到“任何民族、任何国家也需要了解别的民族、别的国家的文化，从中吸取自己所需要的营养，以不断丰富自己民族、自己国家的文化”；因此，各个国家对他国在本国开展语言文化教学活动都会持一种欢迎的态度。然而这只是一个方面，同时各国都要“维护教育主权”，会“天生”地怀有戒心和防范的心理，生怕外来语言文化对本国语言、传统文化乃至价值理念进行冲击与侵蚀。有鉴于此，我们开展国际中文教育，要设法尽可能打消对象国那种戒心和防范的心理，要让对象国从政府机构到广大民众都能意识到、感觉到中国开展国际中文教育完全是一种“为人之举”。

结　语

笔者曾读到胡范铸、张虹倩、陈佳璇的《后疫情时代中文国际教育的挑战、机缘和对策》一文，对文中的一些观点十分赞同，因与本文内容也略有关系，容笔者摘引如下，与读者共享：

> 中文国际教育是中国提供给世界的语言公共产品，是中国融入世界、世界了解中国的重要平台。这既是中国“教育国际合作”的重要组成部分，也是全球“国际理解教育”的重要组成部分。

> 中文国际教育的最大意义在于推进“国际理解”，中文国际教

育的最大机缘也在于全球“国际理解”的需求。①

对国际中文教育，确实该这样理解。笔者认为，按照对上述观点的理解，按照前面所谈到的要将国际中文教育视为一项“桥梁工程”，加之如能维护好中华文化有效传播的四个因素，建设好国际中文教育的对外话语体系，我们相信，国际中文教育定能完成自己所承担的任务，起到推动构建人类命运共同体的作用，为构建人类命运共同体作出自己应有的贡献。

① 胡范铸、张虹倩、陈佳璇：《后疫情时代中文国际教育的挑战、机缘和对策》，《华文教学与研究》2022年第2期。

由猿到人的转折：语言文化传播的易境性

——从任意性符号编码说起*

陈保亚**

【摘要】 在人类进化过程中出现的最重要的转折是语言符号系统的产生，因此从前符号人到符号人是人类进化的关键转折。语言符号系统使人能够形成不在场（离场）的易境交流。易境交流体现为谈论过去，用符号记录经验和知识，设计和制订未来计划。要完成易境交流，符号编码的任意性原则是必要条件。任意性编码符号出现的时间就是人类语言符号系统出现的时间。符号编码的任意性原则指能指（形式）和所指（意义）的结合没有必然联系或因果联系。根据这一点，目前最早的任意性符号编码集中出现在距今大约10万到7万年的南非考古遗址中，因此人类语言的起源目前可以上推到这个时间，其他关于人类直立行走、制造工具、使用火和脑量增加等进化行为都不能构成证明语言起源的直接证据。语言符号的出现是人类文化易境传播的关键，也是现代人最终取代尼安德特人等人属的关键。

【关键词】 符号人；语言起源；符号编码；任意性；文化传播

一、文化易境传播的关键：语言符号系统

这里所说的“语言”是人类具有的独特交流方式。有时候学者们也会说动物有自己的语言，这只是一种隐喻的说法。人类的交流和动物

* 本文系国家社科基金重大项目（项目批准号：22&ZD218）阶段性成果。

** 作者简介：陈保亚，北京大学中文系博雅特聘教授，北京大学中国语言学研究中心主任。

的交流之间最显著的差别就在于易境性，即在某个事件发生的时间空间以外谈论该事件，也就是在B环境谈论A环境发生的事件。易境性很少在动物交流中被观察到。人类的易境交流之所以能够实现，原因就在于人类有语言符号系统。人类进化最为关键的环节是符号的产生。在语言产生以前的前符号人（前语言人）时期，无论人类直立行走的能力有多强，脑容量有多大，认知能力有多强，制造工具的水平有多高，这些人都是前符号人。符号人（语言人）是具有符号能力的人。真正能够把人和黑猩猩等高级灵长目动物分开的其实并不是能否直立行走、能否制造工具、能否使用火或脑量的多少，而是符号能力的有无。卡西尔最早观察到了这一点，因此他把人定义为符号动物。① 海德格尔也认为语言最切近于人的本质。② 卡西尔、海德格尔的观察是有深度的，但没有从符号编码的任意性原则来解释语言对人的必要性和符号人的起源。

语言符号的产生使易境交流得以实现。在符号产生以前，前符号人的智慧无论怎样发达，其交流范围和认识成果的传承都会受到极大的限制。一般认为，文化是后天习得的，因此是可学习的。目前广泛存在的一个认识是，只有人才有文化，才有后天学习能力。实际上，最近几十年的动物行为研究显示，动物也有后天学习行为。

尽管动物也有后天学习能力，也能传递和传播经验与文化，但这种能力和借助语言传递经验与文化有着根本区别。动物只能在场传播和传递文化，即通过在场学习传递经验，或者通过迁移，把积累的经验传播到不同地区。与动物传递不同，符号人通过语言能够完成不在场传播。比如，动物不能交流昨天发生的事情，也无法设计和制订未来的合作计划，因为谈论过去和设计未来都需要语言符号。语言人可以远离孔子的时代学习儒家学说，可以从月球归来的宇航员那里了解月球的

① 参见[德]恩斯特·卡西尔：《人论》，甘阳译，上海译文出版社1985年版。
② 参见[德]海德格尔：《在通向语言的途中》，孙周兴译，商务印书馆2004年版。

引力有多大。前语言人无法完成这种学习,因为这需要语言符号甚至文字。经验与知识的学习可分为亲知和言知。亲知就是在场或现场学习,言知就是借助语言符号学习。在语言符号产生以前的前符号人只能通过亲知学习,所以其交流范围和学习范围受到极大的限制。语言人不仅有亲知,也有言知。语言也为超越时空积累知识提供了条件。比如,语言人能够传播关于鼠疫预防和隔离鼠疫病人的知识,前语言人则不能,因为鼠疫的出现可以间隔数百年,间隔期间人们无法亲知鼠疫,因此这样的知识无法通过前语言人的亲知传播。

二、符号编码的任意性原则:易境交际的必要条件

符号编码的任意性原则指能指(形式)和所指(意义)的结合没有必然联系,或者说没有因果联系。未学习过特定语言的人,无法从该语言的能指推断所指,从所指也不能必然推断能指。一个人在没有学习过汉语或英语以前,无法从符号的形式推断出符号的意义,比如汉语的"人",是 rén,英语是 man(men),儿童必须通过学习才知道其意义。符号编码的任意性原则使人类可以用各种形式对任何认识活动的成果进行编码,进而形成符号,这些形式可以是不同的声音、不同的手势等。有了符号编码的任意性原则,新的符号得以形成,再通过语言的生成性,这些符号可以用来储存经验和知识,用来记事,用来学习知识,用来制订未来计划,用来约定大规模捕猎的时间和地点,等等。

索绪尔首次把符号编码的任意性原则置于人类语言中极其重要的地位,显示了他的远见。[①] 当然,他还没有区分主动编码和被动编码,这导致很多动物学家认为黑猩猩等动物也具有类似人类的语言。主动编

① 参见[瑞]弗迪南·德·索绪尔:《普通语言学教程》,高名凯译,商务印书馆 1980 年版,第 102 页。

码是指主动任意性编码原则，即人类可对新的事物、新的认知成果主动编码，用于储存知识，组织认识活动，比如新石器时代晚期人类发现了铜，同时也给这种金属一个符号。黑猩猩等在遗传基因上离人类比较近的猿属，也能在人的训练下学会简单的手势语，但这是被动编码。现在还没有发现除人以外的灵长目动物有主动对新事物编码的能力。我们通过对德国黑背犬的长期训练发现黑背犬能够学会汉语的指令，也能学会英语的指令；编码有任意性，但都是被动编码。我们通过对鹦鹉的训练发现鹦鹉不仅能模仿不同的语言，还能使用所模仿的语句，但仍然是被动编码。主动任意性编码原则为在考古遗址中观察符号的起源提供了直接证据。后面我们会分析，古人类学家和考古学家对于如何确认符号并没有取得一致意见，关键原因在于对符号编码的任意性原则认识不够。

理解符号编码的任意性原则，需要严格区分模拟、象征和符号。模拟即通常所说的临摹，人们可以直接推断被模拟者。比如女性洗手间门口临摹女性的图像，男性洗手间门口临摹男性的图像，不同语言背景的人都可以通过这种临摹直接推断所属性别对应的洗手间。象征指能指和所指有一定的隐喻关系，但是这种关系不像临摹那样直截了当，从能指大致可以推断其背后的含义，比如贵重的祭品背后是哀思的寄托。与模拟、象征不同，符号是无法从能指推断其背后含义的。考古学家、古人类学家等通常都没有严格区分这几种形式，常用 symbolic 来描述它们的性质，所以在语言起源的时间上形成了很多不同的观点。考古学家和古人类学家在尼安德特人（Neandertals）的直接祖先西班牙北部海德堡人遗址中发现了用作随葬祭品的粉色石斧[①]，有人推测海德堡人有了象征行为，甚至有了语言符号。这就是把象征看成符号。既然考古工作者能够推断粉色石斧是祭品，其能指和所指的关系就不满足符号编

① Hoffmann, D. L., Standish, C. D., García-Diez, M., et al., "U-Th Dating of Carbonate Crusts Reveals Neandertal Origin of Iberian Cave Art", *Science*, vol.359, no. 6378 (2018), pp.912-915.

码的任意性原则。纪念工具只算是象征，不是任意性符号的直接证据。

临摹和象征可能是人类语言出现的早期状态。比如达尔文就认为语言起源于模仿。[①] 但符号系统的早期状态并不代表能够完成易境交流。从人类经验的符号化过程看，任意性是一个语言系统存在的必要条件。把各种层次的经验活动和认知活动符号化是自然语言的基本功能，没有任意性就不能完成这种功能。通过声音临摹来命名的过程或获得词语的过程在整个语言符号系统中都是局部的、有限的。仅仅建立在临摹原则上的语言也不可能组织高度抽象的观念，因为高度抽象的观念难以临摹或无法临摹，如"宇宙""无限""思考"等概念。通过语序临摹，语法也只能获得很少的语法规则，因为只有在时间或空间上可以确定下来的事件，才是在语序上可以临摹的，如汉语连谓式词组"去图书馆借一本书"，去图书馆是先发生的，借书是后发生的。一般来说，述宾关系和偏正关系等是无法进行语序临摹的。自然语言中可以没有拟声词，但如果没有任意性原则，语言就无法运转。因为抽象概念、语法范畴、语义范畴、语法结构关系、语义结构关系、层次、语义指向等高层次的概念编码，不可能通过拟声方式完成。符号编码的任意性原则是自然语言的必要条件，是人类语言的根本原则之一。

中国古代学者提出过右文说，是从汉字（词）的读音形式推断出汉字（词）的意义，主张汉字（词）的形式和意义之间存在因果联系。宋人沈括（1031—1095）在《梦溪笔谈》卷十四中说：

> 王圣美治字学，演其义以为右文。古之字书，皆从左文。凡字，其类在左，其义在右。如木类，其左皆从"木"。所谓右文者，如"戋"，小也，水之小者曰"浅"，金之小者曰"钱"，歹而小者曰"残"，贝之小者曰"贱"。如此之类，皆以"戋"为义也。[②]

① Darwin, C., *The Descent of Man, and Selection in Relation to Sex* (2 *vols*), London: John Murray, 1871, p.56.

② [宋]沈括撰，诸雨辰译注：《梦溪笔谈》，中华书局2016年版，第326页。

即从“戋”的声音可以推导出“小”的意义。具体来看，“戋”的意义是“小”，由于汉字“浅”“钱”“残”“贱”的声符都是“戋”，因此这些汉字的意义都与“小”有关。因“戋”这类可推断字义的声符都在汉字的右边，故该学说被称为“右文说”。右文说就是根据右边的声符推断字义的学说。类似的例子如“张”“涨”“帐”“胀”等汉字的声符都是“长”，它们的意义也都跟“长”的意义有关。

右文说与西方的象征说存在相似之处。莱布尼茨(Leibniz)曾经列举过一个象征说的典型例子。莱布尼茨指出，似乎出于一种自然的本能，古代的日耳曼人、凯尔特人以及和他们有血缘关系的其他族人，都曾用“r”这个字母来指一种剧烈运动①(见表 1)。

表 1　用字母“r”组成的词

单词	中文释义	单词	中文释义
rinnen	流、淌	rauben	抢夺
rüren	流	radt	滚
ritir	流溢	radere	剃除
le Rhine	莱茵河	rekken	用力张开
Rhône	罗纳河		

字母“l”则指一种较柔和的运动(见表 2)。

表 2　用字母“l”组成的词

单词	中文释义	单词	中文释义
leben	生活	lieben	爱
laben	使活	lauffen	像流水般迅速溜走
lind	柔软的	labi	溜滑

① 参见[德]莱布尼茨:《人类理智新论》，陈修斋译，商务印书馆 1982 年版，第 302—303 页。

续表

单词	中文释义	单词	中文释义
lenis	柔软、光滑	legen	轻轻放下
lentus	缓慢		

实际上,右文说和象征说的本质是词义引申或语音演变的结果。右文说和象征说不是指符号最初产生时音义之间的关系,而是指语言系统发展演化过程中新旧符号之间的引申关系,如由“长”引申出“张”“帐”等。而且,语音和意义之间的这种因果联系只是发生在同一语言符号系统内部,在人类语言中并没有普适性。因此,右文说和象征说都不能成为否定语言符号任意性的理由或依据。

语言符号的任意性还要和语言符号组合的理据性区别开。语言符号任意性编码,指的是一个语言符号最初编码时的音义结合是任意的、没有理据的。语言符号产生后,符号和符号根据一定的规则组合成词或数量无限的词组等,是命名,要受到交际需要和特定语言规则的制约。语言符号结合体(如复合词)具有理据性,如汉语中由语素“电”构成的“电灯”“电影”“电脑”等就是有理据的。编码和命名要严格区别开。

三、人属(Homo)的语言问题

古人类学关于人属(Homo)的定义以及人属包括哪些种有比较大的分歧,主要是依据的标准不同,直立行走、使用工具、制造工具、脑量差异、使用火等被不同程度地用作标准。为了避免无意义的争论,我们可以绕开这些定义,直接从这些标准本身来看语言起源问题。

直立行走和使用工具显然不能作为语言出现的证据,因为黑猩猩、大猩猩、猩猩、长臂猿等猿属(Pithecus)都不同程度地能够直立行走和使用工具，但它们并没有建立在符号编码的任意性原则上的语言。

在人类的进化中，最早被归入“人属”的是能人（Homo habilis）。能人也被认为是最早的制造工具者。[①] 后来的直立人（Homo erectus）比能人的工具更先进。有人推论在直立人阶段就有了语言。但问题是，制造工具的经验是可以在场传递的，比如子辈在场向父辈学习制造工具的技术，这样一代一代不断在场学习，工具会越来越完善。正因为制造工具的学习过程可以在场完成，不必离场完成，所以，从能人到直立人，工具的完善无法直接证明易境语言的存在，也不能证明任意性编码能力的存在。

脑量是很多学者用来推论语言起源的证据。距今约 300 万年前的南方古猿（Australopithecines）脑量为 400 毫升左右，距今约 200 万年前的能人脑量为 750 毫升左右。直立人阶段是人类脑量快速增长的时期。距今约 170 万年前的早期直立人平均脑量约 900 毫升，而距今约 50 万年前的晚期直立人平均脑量为 1100～1200 毫升。智人（Homo sapiens）阶段，人类脑量继续增大。距今约 40 万～30 万年前的早期智人平均脑量为 1200 毫升。距今约 30 万～3 万年前的欧洲尼安德特人脑量已经达到 1500 毫升，而现代人的平均脑量是 1400 毫升，也就是说尼安德特人已经具备了现代人的大脑水平，甚至超过了现代人的脑量，因此也有学者把尼安德特人归为智人。脑量的测定各家有一定的出入，但尼安德特人脑量大于现代人脑量，各家是一致的。脑量增加也许能证明认知能力的增加，为语言的出现提供了条件，但不能直接证明尼安德特人已经形成了语言，因而也不能证明智人一定有了语言。智人的定义本身也是一个不明确的概念。

人类进化的转折是借助语言传播文化，传承和利用文化，因此感知能力和认知能力的提高很重要，但这并不是关键。在感知能力方面，人

① Braun, D. R., Aldeias, V., Archer, W., et al., "Earliest Known Oldowan Artifacts at > 2.58 Ma From Ledi-Geraru, Ethiopia, Highlight Early Technological Diversity", *Proceedings of the National Academy of Sciences*, vol.116, no.24 (2019), pp.11712-11717.

类远远不如很多动物。比如人类在声波频率的感知方面就不如很多动物：

人(20～20000Hz)

大象(1～20000Hz)

狗(15～50000Hz)

蝙蝠(20000～100000Hz,超声波定位)

海豚(80000～150000Hz,超声波定位)

(超声波＞20000Hz,次声波＜20Hz)

在认知能力方面,有些动物也超过了人类。比如黑猩猩在看完一组数字以后,间隔一段时间再重复这组数字的能力比人类更强。① 尼安德特人的脑量大于现代人,当然也大于早期智人,可能说明尼安德特人的认知能力比早期智人强,但没有证据证明尼安德特人一定有了语言,这可能是后来尼安德特人被现代语言人取代的关键。语言一旦在智人中形成,不仅有利于文化传播传承,而且也能令人类借助语言符号高度发展认知能力,从而超越其他动物。

能人、直立人、尼安德特人等都有很高的社会性。很多学者认为,复杂的社会性是语言存在的证据。其实很多动物都有很复杂的社会性,很多动物都需要特定的沟通方式来传递信息。黑猩猩、蜜蜂、蚂蚁的社会性和沟通方式都得到了一定的研究。以蜜蜂为例,蜜蜂相互沟通的方式主要是舞蹈。一只觅食工蜂在发现花丛(蜜源)后会飞回蜂巢,通过跳舞告知同伴。蜜蜂的舞蹈主要传递两种信息:一是花丛在蜂巢的什么方向,二是花丛距离蜂巢有多远。如果觅食工蜂在蜂巢外的水平面上跳舞,它的摇摆舞中的直线指向蜜源。摇摆舞中的直线与太阳光线会形成一个夹角(如 20 度左右)。觅食工蜂的同伴们离开蜂巢

① Kawai, N., Matsuzawa, T., "Numerical Memory Span in a Chimpanzee", *Nature*, vol.403 (2000), pp.39-40.

时，会相对于太阳光线保持相同的夹角，以确定蜜源的方向。如果工蜂在蜂巢的垂直面上跳舞，就利用重力来确定方向。摇摆舞的直线指向蜜源，它的方向与重力(垂直)方向形成一个夹角(如20度左右)。觅食工蜂的同伴们在离开蜂巢时，会把该夹角与太阳的位置联系起来，以确定蜜源的方向。蜜蜂跳舞的速度跟蜜源的距离相关，跳舞的速度越快，表示蜜源距离越近，反之，则表示蜜源距离越远。[①] 我们注意到，蜜蜂的舞蹈是离开现场展开的，似乎显示蜜蜂有一定的易境性。但是，蜜蜂传递的信息是很有限的，只跟蜜源有关系，至于是否会受到其他鸟类的攻击等信息是无法传递的，因此蜜蜂的易境舞蹈并不具有主动编码信息的易境性。黑猩猩、蚂蚁等的沟通行为与蜜蜂类似，都不能主动编码不在场新信息。这些都说明，基于特定沟通方式的社会性在动物中广泛存在，并不是直立人、尼安德特人的特殊行为。应该承认，直立人、尼安德特人等社会化程度是很高的，但都不是语言存在的直接证据。有语言一定有社会性，但没有语言不一定没有社会性。社会性不是符号能力存在的必然证据。符号能力的存在会使社会高度复杂化。

行为的多样性也是很多学者用来证明语言存在的依据。研究成果显示，西方蜜蜂和东方蜜蜂的舞蹈有明显不同。把两种蜜蜂同群饲养时，它们可以成功读懂对方的舞蹈。研究者推测，两种蜜蜂学习对方舞蹈的能力随时间推移而得到提高，这预示着蜜蜂进行着社会性学习，也再次证明蜜蜂行为的复杂性。[②] 其实这一现象更重要的是证明了蜜蜂行为的多样性。但是，这种东西方蜜蜂产生的舞蹈差异是在不同环境下自然选择的结果，符合达尔文适者生存的原则，并不能证明蜜蜂有了任意性符号编码行为。同样地，人类早期行为出现差异，也可能是在不同环境下自然选择的结果，并不能直接证明语言的形成。从考古材料

① Wilson, E. O., "Animal Communication", *Scientific American*, vol. 227, no.3(1972), pp.53-60.

② 参见丁桂玲、石巍：《蜜蜂舞蹈语言的研究进展》，《中国蜂业》2009年第4期。

看，欧洲直立人和亚洲直立人的行为是有差异的，但这并不能证明直立人已经形成了语言。

上面东方蜜蜂和西方蜜蜂的相互可学习性也证明了动物可以在场学习。过去有学者把可学习性定义为文化，同时又把语言定义为一种文化，这就会引出一种推论，即学习能力的存在就证明语言的存在。前面我们已经讨论过，学习必须分为在场学习和离场学习两种方式。东方蜜蜂和西方蜜蜂的相互可学习性是在场可学习性，这种学习行为在黑猩猩、大猩猩、猩猩等很多动物中都存在。我们通过对德国黑背犬的训练也发现黑背犬存在学习性，比如黑背犬能学会打开门闩，这也属于在场学习。语言人可以离场学习经验和知识，这在其他动物中基本是不存在的。比如我们无法通过语言让黑背犬打开隔壁的门闩，因为这是一种离场交流，说明黑背犬无法真正听懂易境语言，它所学会的只是指令。

四、任意性编码符号：语言起源的直接证据

符号编码的任意性原则是语言符号系统存在的必要条件。只要编码任意性出现，符号系统就可能存在了，这为我们确定语言起源的必要条件提供了直接证据。最早体现符号编码任意性原则的证据应该是在南非 Blombos Cave 发现的平行线条。[①] 具体地点是在南非开普敦(Cape Town)东边 300 公里处。洞穴中保存了非洲中石器时代遗存和新时期时代遗存。在中石器时代遗存中发现了刻画符号(见图 1)，年代距今约 7.5 万年。

① Henshilwood, C. S., *Holocene Prehistory of the Southern Cape, South Africa: Excavations at Blombos Cave and the Blombosfontein Nature Reserve*, Oxford, England: Archaeopress, 2008.

图 1　刻有线条的赭石

这是在一块约 10 厘米长的赭石上刻的平行线条。学者们对其性质还持有不同意见，主要是因为对符号编码任意性原则不明确。我们注意到，这是一组平行横线和一组平行斜线的交叉，和前面提到的晚期直立人遗址以及海德堡人、尼安德特人、丹尼索瓦人遗址中发现的一般的装饰、纪念物、艺术模仿等象征形式不同，考古学家无法推断出这些平行线背后的含义，这正是任意性编码的关键。[①] 这说明当时该遗址的主人已经具有了任意性符号编码能力，符号人开始出现。在该地层中，还发现了很精致的石器、颜料和其他有抽象刻纹的赭石（距今 10 万到 7 万年），以及用于装饰的海贝珠子，都是符号活动的旁证。更值得注意的是，在南非的西开普省（Western Cape of South Africa）的 Klein Kliphuis 洞穴[②]，南非的 Wonderwerk 洞穴[③]，Klasies River 洞穴[④]等，都发现了中石器时代的赭石刻纹。这说明南非中石器时代多处遗址发现的赭石刻纹不是孤例，是这一带主人符号编码能力的体现。研究南非

① 参见陈保亚：《论非洲假说的两个时间层次和语源关系》，《云南民族大学学报》（哲学社会科学版）2005 年第 5 期。

② Mackay, A. and Welz A., "Engraved Ochre From a Middle Stone Age Context at Klein Kliphuis in the Western Cape of South Africa", *Journal of Archaeological Science*, vol. 35(2008), pp.1521-1532.

③ Chazan, M. and Horwitz, L. K., "Milestones in the Development of Symbolic Behaviour: A Case Study from Wonderwerk Cave", *World Archaeology*, vol. 41(2009), pp.521-539.

④ d'Errico, F., Moreno, R. G., and Rifkin, R. F., "Technological, Elemental and Colorimetric Analysis of an Engraved Ochre Fragment from the Middle Stone Age Levels of Klasies River Cave 1", *Journal of Archaeological Science*, vol. 39(2012), pp.942-952.

赭石刻纹的学者肯定了该地区主人有抽象认知能力，并推断这里的主人可能有了语言，但他们没有从符号编码的任意性原则上来认识语言起源问题，因此论证并不充分。我们认为南非赭石刻图不仅仅是抽象认知的证据，由于考古学者无法从刻图推断其背后的意义，说明符号编码的任意性原则已经存在。我们可以说，距今 10 万到 7 万年前，人类语言编码能力已经存在，人类语言的起源应该不晚于这个时间。这个时间段一般被归入智人阶段，因此也可以说，语言起源于智人。

1891 年，荷兰学者 Dubois 在印度尼西亚爪哇岛的 Trinil 遗址发现了爪哇人(Java Man)，在该遗址附近还发现了刻有纹路的贝壳(见图 2)。[①]

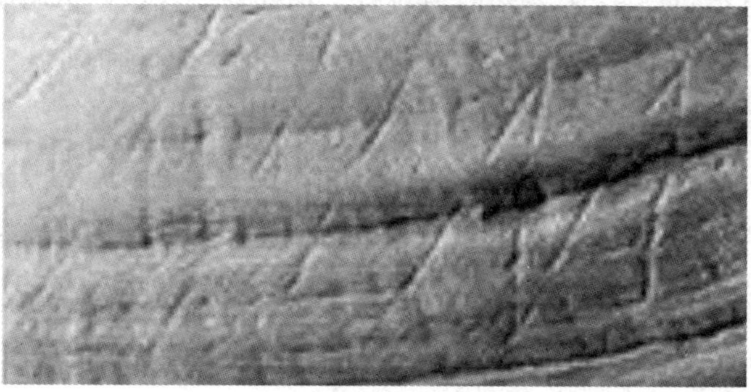

图 2　刻有纹路的贝壳

考古学界将其称之为最早的艺术品。学者们其实无法推断这些纹路的意义，因此该刻纹似乎也有任意性编码属性。贝壳的年代推断为距今 50 万年前，这是否可以把人类任意性编码能力的形成上推到这个年代？目前还无法得出明确的结论，因为该遗址没有其他能为任意性编码提供旁证的材料。爪哇人是否属于人属曾经有过争议，现在基本上归入人属中的直立人。尽管爪哇人的股骨像人类，但其头型还表现

① Callaway, E., "Homo Erectus Made World's Oldest Doodle 500,000 Years Ago", *Nature News*, 2014, doi:10.1038/nature.2014.16477.

出很原始的特征，脑容量也只有700～900毫升，和现代语言人还有距离。另外，从50万年前的爪哇刻文贝壳到7.5万年前左右的南非Blombos Cave刻纹之间的40多万年的时间里，并没有发现其他任意性编码符号遗迹。Koenigswald和Weidenreich等很多学者都认为爪哇人和周口店的北京人很相似[①]，Schmalzer进一步在爪哇人和北京人之间作了比较，认为北京人进化程度更高[②]。截至目前，也没有关于北京人遗址刻纹的证据。因此，爪哇刻纹贝壳的符号学价值还需要进一步研究。可以肯定的是，Blombos Cave刻纹应该是截至目前比较可靠的任意性编码证据。

五、文化传播：语言人取代前语言人

根据基因证据，一般认为非洲直立人进一步演化成智人或现代人，然后走出非洲取代了或融合了世界其他地区的直立人。值得注意的是，现代人还取代或融合了欧亚地区进化比直立人先进的尼安德特人和丹尼索瓦人。现代人、尼安德特人和丹尼索瓦人都源于早期的海德堡人，但尼安德特人和丹尼索瓦人基因比较接近，而尼安德特人又比丹尼索瓦人更接近现代人。[③] 因此，有的学者把尼安德特人归入智人，现代人融合尼安德特人（尼安塔特人）和丹尼索瓦人关系见图3。[④]

① Theunissen, L. T., *Eugène Dubois and the Ape-Man from Java*, Boston: Kluwer Academic Publishers, 1989, p.76.

② Schmalzer, S., *The People's Peking Man: Popular Science and Human Identity in Twentieth-century China*, Chicago: University of Chicago Press, 2008.

③ Krause, J., Fu, Q., Good, J. M., Viola, B., Shunkov, M. V., Derevianko, A. P. and Pääbo, S., "The Complete Mitochondrial DNA Genome of an Unknown Hominin from Southern Siberia", *Nature*, vol. 464, no.7290(2010), pp.894-897.

④ 参见王士元：《我们的两门远房亲戚》，（台北）《科学人》2015年第3期。

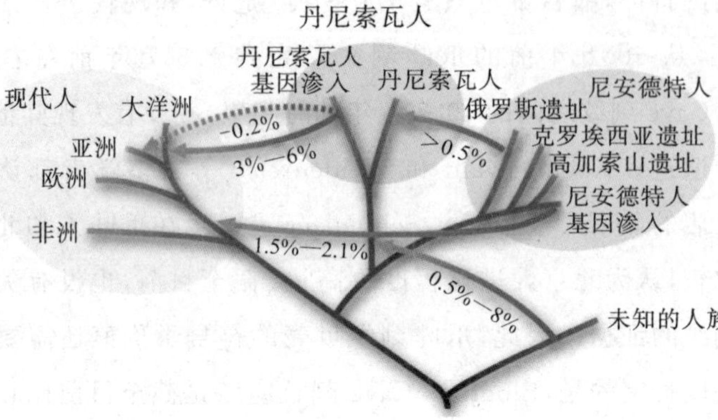

图 3　现代人融合尼安德特人和丹尼索瓦人关系图

现代人不同程度地吸收了尼安德特人和丹尼索瓦人的基因,但都不多,说明尼安德特人和丹尼索瓦人基本是被现代人取代了。那么现代人靠什么力量能够取代其他地区的直立人、丹尼索瓦人和尼安德特人?最可能的优势就是现代人掌握了语言,而直立人、丹尼索瓦人和尼安德特人等没有掌握语言。现代人能够在语言的基础上传承和传播知识与文化,能够设计和制订未来计划,也因此能够最大限度地获取自然资源,比如制订大规模围猎计划等,最终取代尼安德特人和丹尼索瓦人。前面提到南非最早出现任意性编码符号是在距今约 10 万到 7 万年前,根据现在的基因研究证据,最后一批智人走出非洲的时间是距今 5 万年前左右,他们也应该有了自己的语言,这批智人和现代人的基因最为接近。尼安德特人绝迹的时间距今大约 4 万年前[①],从现代人和尼安德特人的基因关系看,两者的接触是距今 6 万到 5 万年前[②],最后一批非洲智人走出非洲、取代尼安德特人,在时间上也有基因证据。现代

① Higham, T., Douka, K., Wood, R., Ramsey, C. B., et al.,"The Timing and Spatiotemporal Patterning of Neanderthal Disappearance", *Nature*, vol. 512, no. 7514 (2014), pp.306-309.

② Sánchez-Quinto, F., Botigué, L. R., Civit, S., et al.,"North African Populations Carry the Signature of Admixture with Neandertals", *Plos One*, vol.7, no.10 (2012), pp.2-6.

人融合丹尼索瓦人的过程与此类似。也有人认为尼安德特人的消失可能是疾病大流行的结果,但都没有基因证据,也不能解释为什么世界上所有的其他人属都被现代人取代。

近些年来,有学者发现言语障碍患者身上一个被称为"Foxp2"的基因遭到了破坏。[①] Foxp2 基因是目前发现的第一个与语言有关的基因。现在已经发现人类语言能力的最初获得很大程度上源于 Foxp2 基因的变异。[②] 人类 Foxp2 基因关键的片段上共有 715 个分子,而老鼠只有 3 个分子,黑猩猩只有 2 个分子。恩纳德等发现,植入人类 Foxp2 基因的小白鼠长出了比其他普通白鼠结构更为复杂的神经细胞。[③] 另一个发现是,德国马普研究所的克劳斯等从西班牙北部的一个洞穴找到了尼安德特人的骨头,并从中成功提取了 DNA。结果显示,现代人 Foxp2 基因上的突变在尼安德特人的 DNA 里已经存在了。[④] 但是目前还没有在尼安德特人的遗址中找到基于符号编码任意性原则的符号,Foxp2 基因很可能是在人类任意性编码能力出现以前的语言能力的必要条件,但还不是语言出现的充分条件。

① Fisher, S. E., Vargha-Khadem, F., Watkins, K. E., Monaco, A. P. and Pembrey, M. E., "Localization of a Gene Implicated in a Severe Speech and Language Disorder", *Nature Genetics*, vol. 18 (1998), pp.168-170; CSL Lai, SE Fisher and JA Hurst, "A Forkhead-domain Gene Is Mutated in a Severe Speech and Language Disorder", *Nature*, vol. 413, no. 6855(2001), pp.519-523.

② Watkins, K. E., Dronkers, N. F. and Vargha-Khadem, F., "Behavioural Analysis of an Inherited Speech and Language Disorder: Comparison with Acquired Aphasia", *Brain*, vol. 125 (2002), pp.452-464.

③ Enard, W., Gehre, S., "A Humanized Version of FOXP2 Affects Cortico-basal Ganglia Circuits in Mice", *Cell*, vol. 137, no. 5(2009), pp.961-971.

④ Enard, W., Gehre, S., "A Humanized Version of FOXP2 Affects Cortico-basal Ganglia Circuits in Mice", *Cell*, vol. 137, no. 5(2009), pp.961-971.

引起思考:从篇章再到句子*

史有为**

【摘要】 曹德和《汉语的衔接》一书有许多亮点。该书引起了一些思考:必须对前辈的研究再继承,要对本民族能力有真自信;汉语有显逻辑接应和晦逻辑接应;衔接就是语篇必需的形式相关;连贯是语篇必需的意义相关;主语或话题以蕴含的方式在发挥着接续作用;衔接手段对不同语体、文体有应用取向;孤立语特点决定汉语的句子以"意"的完整性为标准,由此决定汉语句子的标点;感性和理性对语言教学都是必需的,但感性高于理性,优于理性。

【关键词】 学术自信;衔接与形式相关;衔接的应用取向;句子的界限与标点;感性第一的语言教学

曹德和先生要我为他的《汉语的衔接》写序。我自知于语篇没有多少研究,不敢承诺。但架不住陆丙甫兄从旁鼓动,加之与德和兄有南昌大学之谊,因此也就硬着头皮应了下来。其实我心里有数,自己并非作序的最佳人选。我是把这个委托看成一次学习,也看成给我一次思考的机会。借此机会,我可以交一份学习笔记而已。

我是写过一点语篇方面的文章,加起来也就两篇半。[①] 一篇半是为了二语教学的,还有一篇是被华东师范大学邀去作报告,整理后在《修

* 本文原是为曹德和所著《汉语的衔接》一书写的序,有一副标题"序《汉语的衔接》",今删,其他略作文字调整。曹著系国家社科基金项目研究成果,2023年出版。

** 作者简介:史有为,日本明海大学退休教授、博士生导师、名誉教授,南昌大学退休教授。

① 两篇:《语篇、语篇法则和语篇教学——中国语教育学研究之五》,(日本)《应用言语学研究》2004年第6期。(收入《寻路汉语》时,改名为《语篇和语篇法则引论》。)《汉语语篇连贯性问题概析》,《修辞学习》2004年第5期。半篇:《关于语篇—词汇主导教学——从对日汉语教学中词汇的地位谈起》,《对外汉语研究》2006年第1期。

辞学习》上发表,其实没有多大进步。这些都是从二语教学着手,以二语基础教材作分析对象,比较局限,分析也就初浅,不大会涉及汉语语篇的细微特点与深层机制。

语篇方面的文章我看得不多,但这次集中看了14篇,都是《汉语的衔接》(以下简称《衔接》)中的内容。"衔接",在我的文章中称为"接应",其实都是cohesion的对应。曹书名为《汉语的衔接》,在书名上平行于国外开山之作《英语的衔接》(*Cohesion in English*, Halliday & Hasan, 1976),其意可敬。

《衔接》所论丰富,从语篇的广狭观到各种语篇衔接问题,再谈到相关的话题/主语争议,最后落实于"语篇推进",让人目不暇接。其中有许多新的观点或新的发现,都让我印象深刻,也有同感。例如第5章(《语篇学核心概念:"衔接"与"连贯"》)提出的"基于节奏衔接、音节衔接、韵部衔接、声部衔接、声调衔接的可及性乃至粘合力表现为由高到低的连续统(continuum),与此相应,则节奏衔接的连贯度高于音节,音节衔接的连贯度高于韵部,韵部衔接的连贯度高于声部,声部衔接的连贯度高于声调",确实让人眼前一新。[①]

《衔接》第7章还谈到"共轭衔接",很有新意。"共轭"这个词很吸引人,但又有些生僻。我想了许久,才找到一个词"共枕",也许可以用来理解"共轭"。共枕者,一定是大小高低不同的东西共枕于同一依托上。这个依托是一个可以共同容纳被依托者的概念或事物,而且地位有可能高于被依托者。用"共枕"来理解"共轭",一下子就容易了许多。比如《衔接》中的用例:

(1)头、颈、两上肢和右腿无运动障碍,/左下肢完全瘫痪。(张卫光《轻松学习系统解剖学》)

① 有朋友问,怎么看待押韵与韵部衔接之间的关系,有无矛盾?其实语言本是多功能的,押韵的同时并不排斥还可以有衔接的功能。押韵属于诗歌或艺术范围,有着语音复沓美的功能。而衔接是语篇角度的概念,因韵部的多次出现而将前后句衔接成语篇整体的功能。二者可以兼具,并无矛盾。

(2)活是一条心，/死是一堆土。（袁勃《逃到甜蜜的地方》）

(3)由于自己不小心，柴火烧着了，/大火燃烧起来。（格林童话《老鼠、小鸟和香肠》）

例(1)画线词共枕于“躯干”，例(2)画线词共枕于“生命”，例(3)画线词共枕于“燃烧”。但“共轭”还有控制、制约之意，这是“共枕”所缺少的。于是，过去以为的“意合”，逐渐变得有了些许形式，让人可以把握。这说明所谓的“意合”里有些还是有抓手的，并非完全没有形式的影子。只是这个形式并非西语的形态，而是汉语的有语义共处范畴的语义形式(词汇)。

《衔接》还试探用“可别度领先原则”(the identifiability precedence principle)解释为什么存在无定数量名主语句，试用一种新的“后景信息”(background information)和“前景信息”(foreground information)概念来替换传统所认为的话题是“已知信息”，述题是“未知信息”，以此来说明更多的“话题—述题”的搭配类型。这些都催人一探究竟。

《衔接》中有许多观点都与我的相同或相似。比如第4章谈到主语和话题的关系。作者“赞同将主语与话题视为交叉关系”，“话题特征如同焦点特征一样，不仅从未淡化过自身的依附性，而且没有丝毫迹象表明，它会最终放弃动态话语调节者的身份而转变为静态句法成分。再次因为在对两类主语语法差异加以考察时我们注意到，前述差异并不是句法因素作用的结果，而是语用环境和语用要求影响的产物”。

主语与话题为许多学者所纠结。本人在话题的探究上经历过反复和多次否定，曾在“主语等同话题”与“话题句法化”等方面伤神揪心。在最近的研究中才认识到话题与主语只能是交叉的，各自有其分布。这与《衔接》作者走到一起了。话题仍应保持语用的身份，因为不是所有话题都是主语。话题只是一种语用上的蕴含，需要突显。而突显就需要条件和标记。这也许可以称为“话题蕴含观”，也可以为话题和主语的关系带来一些自由。

主语和话题，与语篇的形成关系甚大，因为它们发挥着特殊的衔接作用。有些被认为“意合”的，实际上是主语或话题在以蕴含的方式发挥着接续作用。比如古代的小说或话本就是讲故事，叙述事件的来龙去脉。很多话都是接着上文而来的，将前面的叙述暗暗插入一个“欲知后事如何”当作话题，然后展开“且听下回分解”，这分解就是下文展开的说明。 环套一环，形成一串一串“话题—说明”的叙述链。于是全文就这样衔接且连贯了起来。

至于诗词，当然也会有话题、有说明，但常常在隐藏更深的层面发挥衔接的作用。例如：

(4)寻寻觅觅，冷冷清清，凄凄惨惨戚戚。乍暖还寒时候，最难将息。（宋·李清照《声声慢·寻寻觅觅》）

“寻……，冷……，凄……”是三个分句，它们共同勾勒出一种氛围，它们共同拥有一个话题，就是“诗人此时的心境”，但隐藏而不说。这正是诗词的高明手法，让每个读者都可以不自觉地代入进去，从而与诗人产生共鸣。而这三个分句又可以成为“乍暖还寒时候，最难将息”的话题，让其成为画龙点睛的说明。最后这两个语段中，“乍暖还寒时候”又成为“最难将息”的话题。高明的诗词就是不断设置蕴含式的空缺与勾连，包括话题蕴含式的空缺与勾连，让读者驰骋想象去填补，一层又一层地进入作者设计的意境，并衔接所有的诗句或场景，让全诗形成一个具有连贯性的整体。这些也就是《衔接》第 7 章所说的“同指衔接”。

又比如《衔接》第 6 章指出：“借助衔接手段构成的，归于显性衔接（overt cohesion）；借助语言环境构成的，归于隐性衔接（implicit cohesion）。”这与我在《语篇和语篇法则——兼及语篇教学》中提出的“显逻辑接应”与“晦逻辑接应”几乎一样。只是我不愿意用“隐性”这样的字眼，因为它们的逻辑联系的性质微弱甚至时常晦暗、模糊，不但缺少逻辑性明确的关联词语，而且常常难以添加连词等关联词语以突显其间的关系。例如“累了，在这儿休息一下吧”，不能添加连词说成“因为累了，所以在这儿休息一下吧”。这里既有因果的联系，也有承接的意思，介于两种逻辑关系之间，可以说是一种两可式边缘性的逻辑联系。故而觉得“晦暗不明”更能显示汉语的特点，更具有柔性，更容易与“显逻辑接应”连成一个系统。也许，这只是我对隐性衔接里的多种情况的一种解读吧。

通观《衔接》，每个章节都是认真的，并非人云亦云，也无空语浮言，而是扎实求是，有个性，有作者见解。我希望有更多的人能读到这部书，让语法研究走出传统狭小的天地，走向大语法。

阅读中我也约略了解到语篇研究的现状，学到不少新东西，也催生出我点滴思考。兹记述如下，以明读稿所获。

思考之一：汉语研究的再继承与真自信

《衔接》第1章就论述了黎锦熙和刘世儒合著的《汉语语法教材·第三编》（以下简称《教材三》）。该教材详细分析了“复式句和篇章结构”，甚至论述到“形合”和“意合”，以及注意到语音的衔接作用，包括语调和停延的衔接作用及平行句式的衔接作用。特别是语音衔接，是该书首次发现，尤为重要。它为汉语建构了一个相当全面的衔接手段系统。《衔接》评曰：“完全有资格被视为汉语衔接科学研究开山之作。”

我过去也曾读过《教材三》，但当时不以为然，觉得太烦琐，没有必要。在那个时候，学界的关注点都落在单句结构上，甚至复句都不可能有单句那样的“幸运”。而这个疏忽居然一直持续了半个世纪，是曹德和首次发现了《教材三》的现代价值，让人眼前一亮，提醒了我们，走出单句小天地，重新评价这部被忽视的著作（当然它还有许多不足）。这足以说明作者见识的不凡。

其实，再往前一步，看看黎锦熙那些曾经被批判的“句本位”“图解法”“离句无品”说，可能也会有新的感受。黎锦熙一生以教学为业，所著书也是为了语言教学。语言教学必须以语句为出发点，从可成立的话语开始。这应该就是“句本位”的本意。承续了这样的思想，《教材三》才会走向句群和篇章。这与现代的做法是相仿的。“图解法”说明组合中的确存在核心成分，至今都无法否认，“向心结构”的结果就是一例。这其实还是现代思想之一。“离句无品”说的是实话，离开语句，一个孤零零的概念，怎么知道它的功能与类属？现在词典中标注的词类无非都是想象在某一意义下会如何在句子中“活动”，或根据实际语料的表现，然后才分出的类别。这岂非无法“离句”？当然，黎锦熙也有局限性，因为他的“依句辨品”过于接受西语中词类与句法成分之间一一对应的理论，又没有跳出教学，他没有把汉语也当成一门理论对象来研究。他与刘世儒在《教材三》呈现出的问题也同样如此——太想着实用性了。但《教材三》里的许多思想依然光辉不减，他们实事求是的态度依然感染着我们。如今，我们终于可以冷静下来独立自由地判断了，也应该重新认识那些中国语言研究先辈，切不要以为早已过时。他们那里蕴藏着许多以汉语为起点的合理思想，也许会给我们一些新的启发，激励我们在理论上开创一番。

当前西方理论如潮，又汹涌而来。一时间，论文里充斥着“构式”“隐喻”“系统功能”之类的词。中国自《马氏文通》以来，经历 120 年的近现代语言学的洗礼与探索，早该成人了、成熟了。如果还依然像 20 世纪那样，奉西方时新学说为圭臬，那么这百多年的努力就算白费了。难道我们没有大师？有，马建忠就是其中一位。马建忠特别看重“华文所独”的语法现象，不局限于西方语法单位概念，根据汉语章句传统，把“顿”和“读”放到非常重要的地位。当人们用后来的眼光指责《马氏文通》的“自相矛盾”时，其实很少去体会马氏在汉语语法民族性上的苦心追求。[①] 马建忠之后，如赵元任、王力、黎锦熙、吕叔湘、高名凯、方光焘、朱德熙等多位前辈大师在创立汉语语言学的许多方面都作出了系统的贡献，并为中国风格的语法学奉献了富有启发性的学说。尤其是朱德熙开创了“词组基点”的学说，为我们奠定了汉语语法学的良好基础。

中国原是汉语的本家。走过120年，中国也早已是汉语研究的重镇和鉴别地。现在应该是西方研究汉语的学者用中文写论文，到中国来发表，让我们来鉴定高下。我们应该有这个自信。可惜，我们还有许多人对自己的家底不甚清楚，而对外国的理论常常如数家珍。尤其是外语专业的学者，他们大都不清楚汉语研究究竟到了什么地步，有多少成果，解决了多少具体语言问题。他们似乎仍以介绍外国新理论、以汉语事实证明外国理论为己任，几乎与几十年前一样，不同处则是势头更猛，跟从者更多罢了。笔者不反对学习外国，这些大师也是从学习国外语言学开始的。他们已经把外国的东西咀嚼过，也在引进使用中跌过跟头、走过弯路，才寻找到适合汉语的立足点。

想到这里，我不由得佩服徐通锵先生，他义无反顾地推出“字本位”理论，极大地冲击了建立于西方理论基础上的传统，显示了他的理论自信。尽管我主张“字—词”双元，尽管我不完全同意“字本位”甚至“本位”的用语，但我还是要赞颂这种独立思考的精神。最近，四川外国语大学的王寅先生也在咀嚼过西方认知理论之后提出了独创的“体认语言学”。王寅一直以哲学的高度，冷静平视着西方流行的从索绪尔到乔姆斯基的各种理论，站在人本主义的立场上批判地检视他们。“体认语言学”，就是他对认知语言学的一次本土化的创新。如果加上沈家煊先生最近“名包动”“对举”“话头”等的一些新颖想法，中国的语言学者们

① 本刊编辑部：《中国语言学的体系建设和时代使命——写在习近平〈在哲学社会科学工作座谈会上的讲话〉发表五周年之际》，《中国语文》2021年第3期。

似乎应该更多地关心国人的创造，应该多一些争鸣来深化对汉语的认识，而不要重走过去的旧路。

我们必须批判地继承前人成果，也必须在此基础上去咀嚼式地面对所有新出现的东西。对待外来理论，当然同样也要平视它们，批判地吸收，而绝不要尚未咀嚼分辨就全盘接受。我们需要了解语言学的发展史，也需要清楚本国语言学的发展史。如果缺乏本国以及世界学术史的眼光，将可能导致前辈学者为汉语付出的真实的努力全盘流失。我们绝对不能搞历史虚无主义，必须重新建立学术自信。否则，基础不牢，外来潮流一来，便立马垮塌，只能随波逐流，永远成为附庸。

思考之二：从衔接到相关性

国外语篇研究一般区分出两个方面：cohesion 和 coherence。cohesion 翻译为衔接或接应，其实还有黏合、黏着、黏着性、内黏性、连贯、词语联结等意思。coherence 一般翻译为连贯，其实还有黏合、黏着、相关性等意思。前者规定为客观意义上的东西，后者规定为主观意义上的感觉。其实 cohesion 和 coherence 的构词基础是同一个，都是由 cohe-（凝聚，内聚）而来。这两个术语在形式上过于接近。使用这两个类似的形式来区分很不相同的两个层次，对于中国人来说有些难度。外国的解释则更让人觉得有些玄乎。西方人喜欢从哲学层面去考虑问题，容易将简单的事物复杂化、抽象化。而中国人容易将复杂的问题简单化，比较讲究实在。二者各有利弊。西方对这两个术语的解释也许还是从个性与共性两方面去考虑的，很容易将我们的思想引向"cohesion 决定 coherence，还是 coherence 决定 cohesion"这样的形而上层面。或者他们不满足于个别语言的语篇研究，希望开创另一门共性语篇学之类的东西。从现实角度看，这些似乎并不太适合当下的汉语。

我们能否从汉语自身来考虑一下，语篇里最基础的东西是什么？

暂时抛开这两个西方术语，从汉语本身来区分，语言本体无非就是形式和意义两个方面。语言研究说到底，就是研究相关性及其程度或手段，研究必需相关和可能相关。这既包括形式和意义之间的相关性，也包括各层面或各部分内部的相关性，还包括语言本体和语境以及与使用者之间的相关性。进入交际的语言，从单句到复句，再到句群、段落等，它们中的基础问题无非就是形式与意义两方面的相关性。主语与谓语是如此，从句与主句也是如此，连接成篇后依然还是形式与意义的相关性问题。

单句中主—述—宾之间的形式相关，汉语用的是语序、格式和助词，西语就是形态上的主—述间一致性相关和动宾间及物性相关。单句内的意义相关，就是能否合乎事理。就此而言，汉语与西语基本相同，只是汉语的事理更宽大，更有包容性，西语的事理更狭窄，更像是逻辑命题的翻版。

到了句群语篇，衔接或接应就是语篇在形式上的必需相关，连贯当然就是语篇在意义上的必需相关。意义决定着形式可以采取什么衔接类型，而形式固化或突显了意义的连贯。形式相关采用关联词语与格式以及其他手段。意义相关就是能否成为一个合乎复合事理的复合述说。汉语的复句更像是句群语篇的缩小版。反过来说，句群语篇更像是复句的放大和延长。句群语篇以及复句的"通顺"就是合乎习惯与语言逻辑的形式衔接与意义连贯。在语篇这个层面上，汉语和西语的相关性也许反而有更多共同语言，否则语篇翻译将不可能被目的语受众接受。

形式相关建立于意义相关之上。而意义相关也需要形式相关的显示与固化。缺乏意义相关，这样的语篇一定让人莫名其妙，觉得"精神错乱"。而缺乏形式相关的加持，那对语篇意义的理解也就可能出现分歧或混乱。于是，整个话语，从单句到复句到更复杂的句群语篇，就都可以统一于相关性了。

相关性还体现在语段与语境之间，没有语境的关联，很多句子可能就不能成立。什么叫合格的句子？过去我们往往根据一个句子孤零零地来判断，因此常常有不同的结论，有人说可以成立，有人反对。殊不知在判断的时候已经加上不同的语境，例如：

(5)房间里谁也不在。

例(5)这句话虽然每个语法环节都没有问题，但刚一接触，我们的第一反应是"不说"。我们平时说的是"房间里没人"。那是否判定它为病句？这又让我们犹豫。慎重些，再想想，就发现该句应该有上文，应该是承接问句的。当问"张三在房间里吗？李四也在里面吗？"时，我们会回答"房间里谁也不在"。可见，句子的成立有两个条件：一个是句子本身在句法上是否合格，另一个是有无适合该句子的上下文或语境。所谓上下文，从语篇的角度，可以看成言内语境。场景之类的语境则可以看成言外语境。这样一来，句子的合格问题，就可以看成句子与广义语境的相关性问题，也就是与广义语境的衔接问题。再如：

(6)老公！我有很胖吗？

——不会啦！你这样刚好。(中国台湾漫画家"八耐舜子"漫画中的对白)

又如例(6)，对于标准普通话来说"有很胖"是不成立的，而用"不会啦"来回答简直是匪夷所思，有失连贯或通顺。标准的普通话答案是"不"或"不胖"。如果引入语境——中国台湾人的对话，那么这一段对答还是成立的，我们的语码标准必须转移到中国台湾的变体上。其许多用语都是将闽南语的某些片段逐字"转读"，由此形成特有的通用语变体。在这里,“有”已经助动词化。[1] 这是一种表示存在的新型助动词。“不会啦”里的“会”也已经彻底虚化为一种语气,与“啦”配合着,共同起着肯定“否定”语气的作用。“不会啦”已经成为一种固定用语,是否属于词汇化的一种,可以再研究。

不同语言的形式相关有不同的程度,甚至在同一语言中不同类型的句子或语篇也会有不同程度的相关。不同语言的意义相关,虽然也存在不同,但可能更多的是相似相近,大同小异,因此即使直译也能大致接受。从类型学上讲,形式相关应该更显著,更有个性,也就更加急需研究。这就是衔接研究会被各国普遍重视的原因。《衔接》以“汉语的衔接”为题,正说明作者抓住了要害。

思考之三:衔接手段的应用取向

从口语到书面,交际中的一个独词句“火!”,一个招贴“禁止吸烟”,都可以作为语篇看待。但这些独词独句的语篇,无需言内的衔接手段,而只需要与言外语境衔接。只要与言外语境配合恰当,就是好的衔接,就可以成立。但我们更多重视的还是言内的衔接。言内衔接的手段非常多,以显性衔接而言,《衔接》提到的有关联词语、标点符号、同指、共轭、押韵、谐音、节奏与平行句式等衔接手段。有的明显倾向于语言的通用类型,适用于一般的口语或文章,有的则倾向于书面或高层次应用,有的则更多用于文艺性诗文。

比如《衔接》分析押韵、节奏和平行句式等有着衔接的功能,对此,我也曾提出相当的“韵律呼应”。我认为在对外汉语教学中可以利用语句长短、节奏、平仄等相配合的高层次接应手段,一般在书面文章中使用,在基础口语阶段一般不必学习。其中接应又可分为三种:长短接

① 对这种“有”,目前还存在分歧,有人认为还是动词,有人认为可能已成为助词。

应、节拍接应、声调接应。其级别和难度按次顺序逐级上升。律诗则是韵律接应的最高典范。韵律由于牵涉到句子或结构，因此，它同时也是结构配合类手段。

《衔接》所说的平行句式就是通常所说的排比句格式和对仗格式。这当然是一种更为特殊的衔接。这种衔接的取向本就比较模糊，可以是消极修辞，但更多的是积极修辞。我们也可以进一步将其完全归入积极修辞。但从话段和话段之间的关系来看，又未尝不是衔接的一种。尤其是对仗，其特殊点在于，往往可以将表面意义上毫不相干的两类事物放在一起，用对仗联系起来，从而成为另一种供人欣赏咀嚼的语篇。这是特殊意义上的衔接，所产生的也是更具文艺气息的语篇。因此，这样的衔接就涉入了文章学甚至文艺学的范畴。语篇衔接属于消极修辞，而文章学更多的是积极修辞。后者好歹还可以算是广义的语言学。至于文艺学则完全属于艺术范畴。我们且举几个例子来看看：

(7)东家门里有酒肉，佃户家中无米面！(《白毛女》，曹书用例)

(8)天上一弯月，人间万盏灯。

(9)绿竹常成三友景，红梅正报万家新。横批：春回大地

(10)南通州，北通州，南北通州通南北；春读书，秋读书，春秋读书读春秋。

(11)嫂扫乱柴呼叔束，姨移破桶令姑箍。

(12)冰冷酒，一点，两点，三点；丁香花，百头，千头，万头。

例(7)是在同一场景中用两个相对立的相关现象，共同描绘了旧社会，使描绘更加完整。

例(8)是貌似两个无关的景象，放在一起组合成天上地下相呼应的景象。

例(9)是分别描绘了两种不同的植物——竹子和红梅，似乎并不相关，尤其是上联的绿竹可以在春、夏、秋三个季节出现，但在横批“春回

大地”的导引下却合景于一体，显示“春”归的效果。也就是说，对联的衔接是特殊的，常常需要更大或更高的语境才能显示其特殊的“连贯”。

例(10)的上下联则完全没有语义或事理的关系，是一种语言游戏。这显示该种衔接不但是特殊的，而且可以是纯技术的。

例(11)利用四对同音词来组成上下联，这也是一种语言游戏。同样，押韵、谐音、语音节奏等手段也必须建立在语义相关的基础上，否则就只会成为语言游戏，而不可能让该韵文成为具有连贯性的有意义的语篇。

而建立在汉字基础上的形体衔接，则更需要谨慎，否则就很容易掉入文字游戏陷阱。例(12)就是这种情况，上下联在语义上毫无联系，也很难共处于一个更大的语境之下。这样的衔接手段确实支持了汉语的对联，可供欣赏，但也只是具有语言文字游戏中的赏玩价值。

以上例子告诉我们，语言的应用其实很广，远非传情达意那么单纯。人的语言除了交际功能，还可以有乐情养心功能。我们过去的研究仅关心交际，而忽视怡乐，这是一个缺憾。这些例子也告诉我们，衔接手段有应用的取向问题。哪些倾向于消极修辞中使用，哪些更多地在积极修辞中使用，应该也是语篇研究的一个课题。

语篇研究与文章学[①]常常有纠缠，文章学又与文艺学等有说不清的关系，都很难一刀切干净。且不管它们有多少纠缠，如果我们能把这些衔接手段都描写清楚，研究透了，自然也就明白应该如何应用了。这总归是功德无量的好事。

思考之四：什么才是汉语的句子？

我们常常困惑于标点与断句。一句话，到底何时结束，何时又可以

① 文章学也称“辞章学”，是研究文章内部的规律和读写文章规律的科学，可以定位于与诗学、散文学类似的学问。内容包括修辞学和风格学。它更多着眼的是如何立意谋篇，如何适境定位，如何得体美辞，如何鉴赏评识，如何获得效果，更多的是积极修辞。也有人将文章学内容归纳为句读和段落、句子的安排，文章的省略，文章中的会话，文章的静境，文章的动态、文气等。基本上就是研究语言板块的设计、设置、修饰、布局以及鉴赏评价。

重新起头。我们现在受到太多西方句子观念的影响，以为句子必须是有主语的。哪里有主语，哪里就可以作为句子的开头，于是句号就点在该句的前面。殊不知，汉语隐匿的主语或话题，恰恰是一种衔接手段，可以使得文章简练而且流畅。受了西式句子的影响，有些语文教师就以这样的句子观教育学生；有些国人（尤其是中小学生）接受这样的句子观，为了适合如此句子，手下的文章就渐渐主语频频，变得一板一眼，不再生动，也不再流畅。欧化已经从长修饰语开始逐渐侵蚀到汉语句子的架构，侵蚀汉语的衔接系统，甚至侵蚀中国人的语感以至思想。这不得不让人警觉并格外警惕。

西语是屈折形态语言，汉语缺乏屈折形态，是孤立语。因此，西语的句子基本上都带着主语。这是它们的句法要求使然。而汉语是一种很借助语境的语言，这使得汉语很简洁，每个小句也精干。汉语的句子完全有权也有理与西语不同。汉语是以“意”（传统所谓的“气”）来控制语句的开头与结束的。“意”是什么，就是针对一个“话题”陈述一个相对完整的“事”。用另一种说法来说就是：一个相对完整的“意”或“气”即一个广义的“事”。所谓广义的“事”，就是将一个判断、一个评论、一个描述，也当作“事”，而并非仅仅将动词性叙述归属为“事”。“意”尽“事”止，句子方才打圈结句。主语并非句子的必备。主语可以承上或倚境而略，只要“事”的过程相对完整或独立即可断为一句。相反，即使有主语也可能不成一句。

我们选择陈忠实《白鹿原》里的一段文字来说明汉语上述的特点（每个句子的开头用带圈数字表示，主语用下划线表示。方括号标出的文字表示所隐含的信息）。请看：

(13)①［白嘉轩］连着死了四个女人，嘉轩怕了，［他］开始相信村人早就窃窃着的关于他命硬的传闻，［他］怕是注定要打一辈子光棍了。②他的老子秉德老汉为他张罗再订再娶，他劝父亲暂缓一缓再说。③秉德老汉把嘬着的嘴唇对准水烟壶的烟筒，[他]噗地一声吹出烟灰，[他]又捻着黄亮绵软的烟丝儿装入烟筒，[他]又嘬起嘴唇噗地一声吹着了火纸，[他]鼻孔里喷出两股浓烟，[他]不容置疑地说："再卖一匹骡驹。"（陈忠实《白鹿原》第一章第7段）

《白鹿原》是一篇没有被欧化感染的小说，语言纯粹，描写生动，含义深刻，因此而获得了茅盾文学奖。虽然处处有着陕西话的方言影子，却是地地道道的汉语，非常难得。小说显示了汉语母语者是怎样思考、怎样行文、怎样认识句子的。从这段文字里至少可以看出下面三点：

其一，主语并不意味着句子开头。该例有5个主语，却只断成3句。可见主语处不一定非是句子的开头。第①句4个小句，第1小句的开头还没有主语，主语信息是补自后面第2小句的。第3、4小句也没有主语，都是承接第2小句的。第②句两个小句都各自有主语，却非要结成一个句子。第③句有6个小句，却只有一个主语，其余小句的主语信息都是承接第1小句而来。可见西语的句子的开头必是主语这一点对汉语不合适。

其二，话题或主语与述谓成分所呈现的语义图景决定了句子的界限。第①句4个小句的话题是"连着死了四个女人，嘉轩怕了"，后面都在说明这个"怕"。它们共同描绘出一幅"怕"的图景。第②句仅两个小句，但共同描绘父子二人的不同打算。第③句的话题是隐含着的，是"秉德老汉怎么考虑并决定"，6个小句都是说他如何考虑和决定。6个小句共同描绘出了他抽烟思考并最后说话的图景。在语篇内部彼此互相比较下，事情的语义图景显现出不同的特征与是否相对完整。这就成为不同句子的界限。

其三，主语隐含恰恰是一种衔接手段。这一段里，作者的标点显然用得比较灵活，并不按照有主语必是句子开头的西方规矩行事。如果我们将包括分句的所有隐没的"主语"（用方括号标出）都恢复了，那会是什么效果？必然如木轮子被斫了几个大缺口，滚动时一咯噔一咯噔的，语流会很不顺畅。这反证了隐而不见的主语的作用。正是这些隐含的主语，才使全文如行云流水。说明主语信息的隐含确实是汉语的一种特别的衔接手段。这大概也就是隐性衔接。

(14)①那一年是一九三六年。②A 何满子六岁，[他]剃个光葫芦头，天灵盖上留着个木梳背儿；B[他]一交立夏就光屁股，[他]晒得两道眉毛只剩下淡淡的痕影，鼻梁子裂了皮，全身上下就像刚从烟囱里爬出来，[他]连眼珠都比立夏之前乌黑。（刘绍棠《蒲柳人家》第一章第 2 段）

刘绍棠算是北京作家，所用语言和标点是可信的。这一段只有两句。第①句是单句，说明时间。第②句 A 段有 3 个小句，说何满子六岁时去除时令后的一贯形象。B 段有 5 个小句，说何满子夏天时被晒后的形象。A、B 两段共 8 个小句，合成一个复句。B 段前的分号其实也可以改成逗号。作者也许觉得句子太长了，就点了分号。其实用逗号可能会更好，句子更顺溜。因为 B 处“一交立夏就光屁股”前面没有主语，用逗号更容易接茬儿。而况从语义勾画出的图景来看，并没有超出“何满子六岁”的画像。

这个例子也证实前面的三点结论是可信的。

当然，如果有人从西语角度去看，那两位作者的标点里无疑有一些会被判为错误。幸亏我们没有让这样的人来审稿断句。现在，我们也可以理解小学生为什么会一逗到底。这其实并非学生的过错，也非汉语之过，而是我们以“科学”的名义自动抛弃了传统“句读”的理念，又没有发现或归纳出适合现代汉语的句子规则，更没有教会学生什么是汉语式的句子。现在我们的确要好好反省，我们到底给学生灌输了什么样的句子观。我们应该教会学生分别语体和文体，选择不同风格的句子，让语言和文章都适得其所，各有风味。例如，议论文有更多的主谓句式，而记叙文则有更多的非主谓句式。这些都是自然而然的安排和表现，并非某些怪论所言“汉语没有主谓句”。如果下一代都被教育成句句主语齐全，句句如同西语，把汉语的特点全扔掉，那么这种语言教育就是彻底失败的。

由此，我们可以更加坚定地走汉语自己的路，只有为汉语母语者所认可的标点和断句才是符合汉语的。汉语是一种高度发展的语言，具有自己的语言事理规则。[①] 汉语与其他语言的不同都具有合理性。我们千万不要什么都跟着西语走。我们应该为汉语的标点教学提供一个更为科学合理的学说，并以此建立新的句子观。

以上分析告诉我们，汉语的复句其实就是语篇的最小组合单位。语篇组合[②]的归属本来就游离于屈折形态之外，有多种可能性。西语如此，汉语更是如此。至于单句或小句，则是语篇的最小成分。而句群则是这两类句子的再组合。

结 语

我一向认为，二语教学不必讲理论，尤其忌讳大讲语法规则。我一直认为，感性高于理性，优于理性，最好的语法就是隐藏于课文中的语句篇章。我们从小是怎么学会汉语的？不是通过听懂大人的言语，模仿大人的言语而学会的吗？学过理性的语法规则吗？没有。但真实的感性的语法却已经在模仿中完全学会。这种语法是活的、生动的，是全息的。因为这是与语境衔接在一起的语法。它们深深刻印在脑中，变成大脑皮层的一部分，可以自自然然地流出，而无须想着对与错。

① 曾有人说汉语缺乏主谓句，“没有句子标点”，因此“汉语是原始语言”，“是低级语言”。只有学会了句子标点，才能算是现代语言，才能发展出科学。还说“字母文字是产生逻辑学的必要条件”，甚至说“字母表可能也是产生主谓句语言的必要条件”。这种论述充满着无知与反逻辑的笑话，值得教育界深深反思。

② “语篇组合”在曹德和论著中误为“两个组合”，今予更正。

但理性又是必需的。因为成人由于年龄超过语言养成黄金期，感性和记忆的敏感度、接受能力已经逐渐降低，从而比较依赖理性与文字。又由于科学的基础是人对科学的追求，对所有事物穷尽“发现”，发现更多“为什么”，发现更深、更隐秘的机制。即使暂时没有什么用，或用不上，我们也必须做。语法，不仅仅有句法，还应该有篇章之法，甚至有文章之法。更进一步来说，语言与语境的关系也应是其中部分。这些加起来就形成“大语法”。语言是一个复杂的巨系统。只有各个组合部分相互参照，研究透彻彼与此、整体与部分的相关机制，才能弄清语言的表面以及深层的机制，才有把握回答为什么，也才能真正实现深度学习的“人工智能”。因此，当语篇研究仍处于弱势时，《汉语的衔接》的出现无疑十分有意义，它对理性地了解大语法、了解语篇规则是一次推动。愿更多的学者能阅读此书，能参与这样的研究。

表典型性特征的流行构式“AB本B”研究

甄　珍*

【摘要】 “AB本B”是现代汉语网络语言中一个新兴高频表达式，基于构式语法理论，可认为这是一个典型构式，其构式义为说话人作出某主体即AB本身或者具备AB所代表的人/事物的典型特征的判断。其语义框架中蕴含了以下主观评价义：说话人认为该主体某方面的性状具有“高程度量”的特征。该构式中的AB以名词性成分为多见，一般带有强烈的色彩义，构式凸显的可能是AB不同的语义变体。与形近构式“AB分B”在语义上有着相关性。

【关键词】 构式；AB本B；典型特征；高程度量

“AB本B”是近年来兴起的一个常用表达式，其中AB多为名词性成分，B一般是拷贝AB末尾音节，该构式从整体上表示说话人对某主体作出具有AB所代表的典型特征的主观评价，即认为某主体在某一个方面的性状具有高程度量的特征。该表达式在网络语言中有很高的使用频率。例如：

(1)妈妈来了所有问题迎刃而解。我，巨婴本婴。(微博)[①]

(2)一看书就犯困，学渣本渣。(微博)

(3)真人脸真的好小啊！是小仙女本女！(微博)

(4)抽个奖都拖延好几天我真是拖延症本症了。(微博)

* 作者简介：甄珍，山东大学国际教育学院副教授，硕士生导师。

① 本文在引用网上例句时，为行文方便，在保留原义的同时对部分例句进行了微调，如删除了部分表情包或图片，以及修改了明显的错别字或标点符号。

以上例句中的“巨婴本婴”“学渣本渣”“小仙女本女”“拖延症本症”分别表示某主体具有很典型的“巨婴”“学渣”“小仙女”“拖延症”的属性，也就是说这些主体分别在“依赖他人”“学习成绩差”“外貌美丽”“做事拖拉”的特征上表现出了极高的程度量。

由于该表达式“意在言外”的语义并不能够通过字面意义“AB”“本”“B”的相加而得出，因此符合戈德博格（Goldberg）对构式的定义：“C是一个构式当且仅当C是一个形式——意义的配对（Fi，Si），且C的形式（Fi）或意义（Si）的某些方面不能从C的构成成分或其他先前已有的构式中得到完全预测。”[①]可以被认为是一个典型构式。

该构式从2016年左右开始出现，由于其本身所具有的语义独特性以及诙谐、夸张的修辞效果而受到广大网络使用者的欢迎，开始较快扩散，具有了较高能产性。该构式也引起了学者们的兴趣，杨福亮等[②]、唐陈玉琪[③]、蔡俊峰[④]等关注到了该新兴用法并对一些常见的构式用例进行了分类分析。学者们一般将该结构概括为“XX本X”结构，从该结构的原型意义以及进入其中的词语词性等角度展开分析，对我们的研究很有启发。

本文在前人研究基础之上，结合近年来出现的大量新构式用例进行分析。在目前搜集到的绝大多数构式用例中，除少数例外，“本”后拷贝的多是“本”前词语的最后一个音节，因此，为了方便表述，我们将该构式概括为“AB本B”，并且从构式义、构式变项成分特征、构式与相关构式的比较等角度对这一新兴高频语言现象展开综合论述。

① Goldberg, A. E., *Constructions: A Construction Grammar Approach to Argument Structure*, Chicago: The University of Chicago Press, 1995, p.4.

② 杨福亮、章玲丹、袁涵：《网络流行语“××本×”探析》，《吉林广播电视大学学报》2019年第3期。

③ 唐陈玉琪：《浅析网络流行语“××本×”》，《品味经典》2019年第9期。

④ 蔡俊峰：《网络流行构式“××本×”新探》，《汉字文化》2022年第12期。

一、构式义分析

由于该构式出现时间较晚且具有很强的口语性特征和网络色彩义，在书面语色彩较重的材料中较少见到用例，而在较为真实地反映口语现状及其变化的网络语言中则有大量用例。在微信朋友圈、新浪微博、知乎、小红书、抖音等常用的社交媒体中都发现有大量例句，说明该构式至少在特定的使用群体中已经具备了高频特征与流行性。通过对大量的构式实例进行分析，我们将其构式义概括为：说话人对某主体作出"是真正的AB所代表的人/事物本身"或者"具备AB所代表的人/事物的最典型特征"的主观评价，其语义框架蕴含了对该主体作出具备AB所代表的某性状特征的极量评价。例如：

(5)那是我人生中第一次吃真正的水果榴梿本梿，哇，真的和"榴梿味"是不一样的东西。(微博)

(6)一个宿舍6个人全部实现考研梦想，有同学将她们称为"神仙寝室""学霸本霸"。(微博)

(7)眼看着小崽子越来越胖，满脸横肉，鲁智深本深。(微博)

例(5)中的"榴梿本梿"指吃到的就是真正的"榴梿"水果，而非只有榴梿味道的其他食品；例(6)中的"学霸本霸"指该宿舍的6个人是真正的学霸本身，也可以理解为她们具备"学霸"这一类人最典型的特征；例(7)中"鲁智深本深"可以理解为说话人认为小朋友壮硕的外貌特征极像"鲁智深"，具备鲁智深的典型特征。

如果对比同一词语出现在构式中的例子，比如我们在语料中发现有两种"长城本城"，第一种指的就是长城这一古建筑本身，如例(8)；第二种则是形容某网球选手具备像长城般强大的防守能力，如例(9)：

(8)从景区入口进去，先要坐摆渡车，再爬几十分钟山路，才能见到长城本城。(微博)

(9)德约科维奇就是网坛塞尔维亚长城本城，滴水不漏的防守和回击让人叹为观止！(微博)

除了表示以上构式义，该构式还有鲜明的语用特征，说话人在使用该构式时，往往带有明显的夸张语气，并且常常带有调侃和戏谑的意味，其使用场合往往是较为轻松活泼而非严肃正式的。

二、构式中的变项成分特点分析

作为一个框式结构，"AB 本 B"构式包含固定成分"本"以及变项成分"AB""B"三个部分，其中 B 一般是拷贝 AB 的最后一个音节。[①] 在构式中唯一的固定成分"本"基本保留了其原有的指示代词用法，即与后面的词组成"本 B"结构来复指前面的 AB。

我们主要讨论一下进入该构式的变项成分 AB 的特点。

(一)典型的 AB 是定中关系的名词性成分，其他类型的 AB 也受到构式典型用法的影响

通过尽量扩大语料范围找到的构式实例可以发现：不管 AB 是词还是短语，大都是名词或者名词性短语，并且其内部的语义关系以定中关系最为常见。如前文所举过的"巨婴""学渣""学霸""长城"等都是定中关系的复合名词；而包含定中短语的用例也有很多，如"小仙女本女""单身狗本狗""拖延症本症""紫色美人鱼公主本主"等，其中的"小仙女""单身狗""拖延症""紫色美人鱼公主"都是定中关系的名词性短语。

构式语法理论的观点之一就是要打破词与短语等传统的语言单位

① 在语料中也见到少部分"AB 本 A"的用例，如"渣男本渣""仙女本仙"等，此种情况一般是说话人认为修饰限定成分 A 承载了 AB 的核心语义。

之间的界限，而将其平等地视作构式。通过“AB本B”中AB的特点，也可以看到至少在该表达式中，不管是定中结构的复合词，还是有一层、两层甚至多层定语的定中短语，只要在语义上与该构式相容，那么就可以自由进入该构式，词与短语之间的界限不是泾渭分明的。我们以包含“小孩本孩”的句子为例，以下例句中的“小孩本孩”“幸福小孩本孩”“看起来每天拼命学但一考试就倒数前三的小孩本孩”分别指的是某人具有以下典型性特征：“天真可爱(的小孩)”“幸福、被爱包围(的小孩)”“看起来拼命学习但是成绩很不理想(的小孩)”：

(10)宝宝的语气好可爱啊!!! 这就是小孩本孩好吗?(微博)

(11)今天幸福小孩本孩，每天都能这样就更幸福了。(微博)

(12)我就是那种高中看起来每天拼命学但一考试就倒数前三的小孩本孩。(微博)

以上我们总结“AB本B”中的AB一般是定中结构的名词性成分，我们认为这代表了构式的典型特征，而且这也与构式义本身相互契合，即说话人认为某主体就是/相当于AB所代表的人/事物本身，具备AB所代表的人/事物的最典型性特征。值得注意的是，与其他高频构式一样，一旦某种构式成为一种流行用法，那么就自然而然会出现类推现象，一些非典型的词语也可以进入。例如一些本身内部不能进行定中划分的词语，也可以进入其中：

(13)衢玄子很美，神仙本仙。(微博)

(14)赵露思多巴胺本胺，美拉德本德，时髦精本精。(微博)

(15)刚刚给QQ换了一个头像，gyx说我是温柔本柔。(微博)

(16)睡着的孩子真呀么真可爱，醒着的时候也可爱，就是可爱本爱。(微博)

例(13)中的“神仙”原本是并列关系的复合词，但是用在该构式中时，可以理解为说话人倾向于将“神仙”理解为定中关系，即“仙”代表了其语义的核心，作为旁证，我们也发现了大量例子，如“上仙本仙”“鹿仙本仙”“树仙本仙”“谪仙本仙”“小厨仙本仙”等，而“上仙”“鹿仙”“树仙”“谪仙”“小厨仙”均是典型的定中结构；例(14)中的“多巴胺”“美拉德”作为音译外来名词，其内部关系不存在定中结构的可分析性，但是当这些词语进入该构式中时，也会受到“构式压制”，即也拷贝 AB 的最后一个音节来作为前面整个名词性成分的代表，与此类似的例证我们还发现了“凡尔赛本赛”“内啡肽本肽”“EMO 本 O”“NBA 本 A”等；例(15)、(16)中的“温柔”“可爱”则是典型的性质形容词，当其出现在该构式中时，也可以理解为在说话人看来，这里的“温柔”“可爱”已经更倾向于具象化，代表具有极高的“温柔”“可爱”特质的人，或者说把某人形容为具有非常典型的“温柔”“可爱”特征的人，来表示其“温柔”“可爱”的程度量级很高。语料中还有“优雅本雅”“华丽本丽”“高贵本贵”“霸道本道”“健壮本壮”等诸多例证，都属此类情况。

(二)AB 词义本身一般具有强烈的色彩义，其所代表的人/事物有显著的典型特征

通过大量构式实例还可以看到一个明显特点，即一般来说，AB 所代表的人/事物具有显著的个性化特征，从词义色彩的角度看带有较强烈的色彩义。除了前文所举各例以外，又比如以下例句中的“饕餮”“貔貅”“妈宝”“凤凰男”“巨婴”“工具人”：

(17)上班中的偷吃……饕餮本餮，一顿没肉饿得慌。(微博)

(18)在店里挣钱比在外面过七夕让我开心，只想挣钱，不想花钱，貔貅本貅。(微博)

(19)我是话痨，有一点点事都想和爸爸妈妈说。爸爸妈妈也会耐心倾听并认真给予反馈、提供情绪价值，当妈宝有什么不好，我就是妈宝本宝。(微博)

(20)我外婆四女一男，舅舅就是凤凰男本男，一事无成还脾气大。(微博)

(21)上周陪女儿看芭比，这周陪老公看封神榜，我乃工具人本人。(微博)

我们可以看到以上例句中的AB所代表的人/事物都有着非常典型的特征。比如，“贪吃(饕餮)”“吝啬(貔貅)”“依赖妈妈(妈宝)”“出身贫寒(凤凰男)”“失去自我为他人提供便利(工具人)”等，都有着显著的区别于其他人/事物的特征，并至少在某一个维度上具有高程度量语义特征和一定的极端性。

此外，我们在语料中发现有大量的AB是人名，不管是现实中还是文艺作品中虚构的人物，能进入该构式的一般都具有显著典型性特征，例如在语料中发现有大量“黛玉”“鲁智深”“诸葛亮”“悟空”等进入构式的实例，而他们均是在汉语语境下有着显著个性化特征的典型人物形象。此外，当AB是历史人物或者虚构的人物时，由于在日常生活中不可能有机会见其本人，因此语料中的实例常常是表示某评价对象具备AB身上的某种典型特征而并非AB本人。例如：

(22)打之前我很害怕，我怕自己体质不好，出什么事儿，再有点儿啥病，万一再拉去抢救啥的，感觉自己就是林黛玉本玉，现在打完一个小时了，我的同事们都在胳膊疼，我啥事儿都没有，简直鲁智深本深，我对自己的误解好深啊！(微博)

而当AB所代表的人/事物在现实中有明确所指的话，那么就存在两种可能性：或表示某主体就是真正的AB本身，或表示某主体具备AB所代表的人或事物的典型特征。前者如例(23)，指真正的冬奥会吉祥物冰墩墩而非作为表情包的冰墩墩；后者如例(24)，形容某人滑冰的样子与冰墩墩憨态可掬的形象具有极高相似性：

(23)我要的是冰墩墩的表情吗？我要的是冰墩墩本墩!!!（微博）

(24)看徐好的拍摄花絮，小心翼翼滑冰的样子真的是冰墩墩本墩吧。（微博）

如果一个词语的色彩义是中性的，如“书桌”“杨树”“教材”等，那么一般不会进入该构式中，在现有的语料中，也确实暂未找到这类词进入“AB本B”构式的例证。但是，某个词语也许本身看起来是中性的，但由于其语义本身带有某一个方面的典型特征或极端性，就可以进入该结构，比如“字典”“AI”看起来更接近中性色彩的词，由于其词义本身包含了“掌握大量生僻字”“可以通过人工智能技术虚拟合成完美画面”的含义，因此在特定情景下也可以进入该构式。例如以下例句中的画线部分就分别表示某人“识字量极大”“形象极完美”：

(25)我现在就是一本行走的生僻字典本典。（微博）

(26)美得真像AI……AI本I，不愧是建模脸。（微博）

此外，词义是不断发展变化的，特别是在当代网络文化发展变化非常快的时代，比如“烧烤”“土豆”本身都是中性名词，但由于2023年淄博烧烤、哈尔滨旅行的火爆使其成为网络热词，语义色彩变得丰富起来，比如“可爱、对冰雪的喜爱”等色彩义就被附加到“土豆”这个词上，于是我们在语料中就可以见到大量类似用法：

(27)土豆本豆真的很难用言语形容东北玩雪有多好玩。（微博）

(28)撒点孜然辣椒，我就是行走的烧烤本烤。（微博）

(三)构式凸显的可能是AB的不同的语义变体

在进入该构式的大量AB中，多数词语的语义是相对明确的，其进入“AB本B”构式中凸显的就是本身语义的典型特征。但是，也有部分词语由于词义本身的包容性、多样性、模糊性，进入该构式后，在不同的语境中可能激活的是该词语的不同义项或者同一义项的不同变体，这就需要结合上下文语境来理解构式的整体语义。

我们仍以前文提到过的“黛玉本玉”为例，在语料中有大量的构式实例，但不同语境中说话人想要表达的是某人在不同侧面的典型特征上与“黛玉”表现出来的特征具有高度相似性：可能是形容某人非常体弱多病，如例(22)；也可能形容某人多愁善感，如例(29)；或者在外貌或神韵上与黛玉有高相似度，如例(30)。这与黛玉这一人物形象本身所具有的复杂性、模糊性、丰富性有关，因而可以使构式义有不同的解读：

(29)有时候真觉得自己多愁善感到是林黛玉本玉了。(微博)

(30)陈晓旭演得也太好了，神态气质简直黛玉本玉。(微博)

当非表人名词进入该结构时，也有此类情况。如例(33)中的“雪花本花”：

(31)拍到了雪花本花。拍了一张别人堆好的雪人。(微博)

(32)周深的歌声晶莹剔透，他就是雪花本花啊！！！(微博)

(33)前段时间雪梨去世的时候，一个两个全部都在说没有一片雪花是无辜的，现在又恢复老样子，全部变成雪花本花。以为自己背着虚拟网名，就可以随便网暴别人，是吧？(微博)

例(31)中的“雪花本花”指的是“空中飘下的雪”这一事物本身；例(32)则是凸显雪花这一事物所具备的“晶莹剔透”的特征；例(33)凸显的则是将网络暴力比喻成雪花的抽象用法。

按照吕晓玲、杨振兰对词的语义变体进行“浅层语义变体”与“深层语义变体”的划分，多个“黛玉本玉”中的“黛玉”是浅层语义变体，即不同语境中的词语“其语义特征部分脱落、添加或凸显，但总体来看词义变体与原词义的联系还很紧密”，“雪花本花”则更接近深层语义变体，即不同语境中“词义有很大变化，语义特征几乎全部失落，而添加经过词义联想后的一些语义特征，词义变体与原词义有联系但不密切”。[①]

三、与相关构式“AB分B”之间的比较

与“AB本B”几乎同时流行起来的，还有另外一个形式上与其相似的构式“AB分B”。例如：

(34)我同学说，这是《流浪地球》烟台分球。(微信朋友圈)

(35)全山东的雪都下到威海了，北极圈威海分圈正式上线。(抖音)

(36)霍格沃茨魔法学院洪家楼教堂分院。(抖音)

例(34)、(35)中“《流浪地球》烟台分球”“北极圈威海分圈”描述的是暴雪之后的烟台、威海看起来很像电影《流浪地球》中北极圈冰雪覆盖的样子；例(36)则是形容某建筑的样子看起来与电影《哈利·波特》中的建筑物很像。这种用法部分承袭自汉语中之前就有的在表达某机构驻某地区分支机构时的说法，如“新华社山东分社”“省青少年宫奥体分宫”“四川某公司驻贵阳分公司”，但例(34)～(36)中的“AB分B”显然已经是一种独立的构式用法，用来作出对某主体具备AB所代表的人/事物典型特征的主观评价。

不管从形式上的拷贝式特征还是从语义上对典型特征的强调，抑或从二者语用上的夸张、调侃色彩的修辞效果来看，“AB分B”都与“AB本B”有着很高的相似度，在产生与发展的过程中也必然相互影响。这两个形近构式的产生，在一定程度上受到了来自宗教的词语“本尊”与“分身”的影响，事实上也能看到现代汉语中有大量“XX本尊”“XX分身”的用法。“本尊”和“分身”的原语义在两个构式中仍然有部

① 参见吕晓玲、杨振兰：《语境中的词义变体与多义词词义类聚》，《社会科学家》2015年第4期。

分留存，使得两个构式在共性之外，也表现出了较明显的个性特征。

（一）构式义的区别：强典型性特征与弱典型性特征的对比

"AB本B"构式义强调某主体就是AB本身，或者在某一方面具有AB所代表的人/事物的强典型特征，"AB分B"所代表的某主体具备AB所代表的人/事物的典型性特征相对要弱一些，即说话人认为某主体与AB有较高的相似性，但并没有达到AB本身的程度。如果从认知语言学原型范畴的角度来看，可以认为"AB本B"代表的是该范畴内的原型，拥有范畴成员全部的特性，是认知的参照点；"AB分B"代表的则是该范畴内接近原型的相对典型成员，具备范畴成员部分家族相似性，但尚不能等同于原型本身。我们以包含"兵马俑"的例句来看：

（37）终于见到兵马俑本俑了，兵马俑配色太绝了。（微博）

（38）刚刚看到《国家宝藏》里富大龙饰演的秦王，网友评论兵马俑本俑。还有人说这是刚出土吗？

（39）秦兵马俑之哈尔滨分俑——冰马俑。（微博）

（40）没忍住，兵马俑法国分俑。（微博）

例（37）中的"兵马俑本俑"指的是真正的文物兵马俑本身；例（38）中的"兵马俑本俑"指的是网友评价某演员饰演的秦王在外形气质上与兵马俑有极高的相似度，仿佛"刚出土"，带有一定的夸张性；例（39）、（40）其实在原博文后都有配图，分别指的是哈尔滨用冰雪打造的兵马俑形象以及网友在法国偶遇的在外形特征上与兵马俑有部分相似之处的人物照片。这二者都是描述某人/事物在外形上与兵马俑具有一定的相似度，但是其相似程度，即其所具备的兵马俑的典型特征尚未达到真正的兵马俑或者可以乱真的程度。

我们再来看以下例句中的"锦鲤本鲤"和"锦鲤分鲤"，可以认为至少在说话人看来，"锦鲤分鲤"具备锦鲤幸运的特征，但并未像锦鲤本身或者"锦鲤本鲤"那样达到最高的程度，如例（41）中才刚入职就抽到大奖的网友和例(42)中的同学才是幸运的锦鲤本身,即"锦鲤本鲤",而"我"则是"四舍五入"后的"锦鲤分鲤",是一种"退而求其次"的状态;例(43)中的说话人关于"锦鲤分鲤"的表述也表明可以不是最优选,而是"实在不行也可以"的次优选:

(41)这位网友一定是锦鲤本鲤吧,才刚入职就能够在公司年会抽到大奖,可以在春节的时候好好吹一拨了!(微博)

(42)哇!同学中的校庆锦鲤有被分享到!(四舍五入我是锦鲤分鲤,祝同学顺利毕业发财平安!)(微博)

(43)啥时候可以当个锦鲤,实在不行合肥分鲤也可以,毕竟我也是个搬砖人。(微博)

由此可见,"AB 本 B"和"AB 分 B"的构式义中仍然承继了"本尊"与"分身"之间的差异,在表达典型特征的强弱上有一定差别。

(二)变项成分 AB 的范围:非唯一性与唯一性的区别

"AB 本 B""AB 分 B"在形式、语义甚至来源上的相互对应关系使得二者在构式的整体用法上存在较大相似性,但如果我们对其内部的变项成分 AB 进行对比分析,会发现它们之间存在着较大差别,主要表现在大量经常出现在"AB 本 B"构式中的 AB,并不能同样自由地同时出现在"AB 分 B"中,这种明显的不对等促使我们分析比较进入两个构式的词语特点。

通过分析语料发现,如果 AB 所代表的人/事物本身具有"唯一性"特征,那么能进入"AB 本 B"的同时通常也可以较自由地进入"AB 分 B"中,例如前文所举的"黛玉本玉""长城本城""兵马俑本俑""饕餮本餮",语料中同时也发现大量包含"黛玉分玉""长城分城""兵马俑分俑""饕餮分餮"的例句。此外,大量真实的名人姓名也可以较自由地出现在两个构式中,有时甚至对举出现。当二者对举出现时,通常"AB 本 B"语义为第一种语义,即该主体就是 AB 本身,"AB 分 B"则是那个很像但不是 AB 的人/事物。例如：

(44)大型社死现场，有友友说看见了岳云鹏货车分鹏，岳云鹏回复说这不是货运分鹏是本鹏。（微博）

(45)来自云南的周杰伦分伦竟然被催专辑？哈哈哈不得不说跟杰伦真的有点子像！……还是来看周杰伦本伦吧。（微博）

通过检索语料还发现，像前文提到过的高频出现在“AB 本 B”中的部分词语如“巨婴”“戏精”“小仙女”“学渣”“学霸”“妈宝”“凤凰男”“工具人”“可爱”“温柔”等出现在“AB 分 B”中的实例大都为零或极个别，可见这些词语只能与前者契合而与后者相斥。与能够自由进入两个构式的词语比较起来，我们认为这些词语虽然在语义框架上都蕴含着一定的“极端性”语义特征，具备强烈色彩义，但是它们所代表的人/事物却并非唯一的，比如“学霸”“工具人”可以有很多，“可爱（的人/特点）”也并非唯一。通过对当前语料的分析，我们从某种程度上可以认为，“AB 本 B”构式现阶段在开放性、能产性上要显著高于“AB 分 B”。

四、余论

本文对新型网络构式“AB 本 B”从构式义、构式成分的特征、与形近构式“AB 分 B”的比较等角度进行了分析。在分析的过程中，我们也意识到，“AB 本 B”“AB 分 B”的出现及流行并不是凭空出现的，这符合人们用典型的事物来强调某主体在某方面性状特征上拥有高程度量特征的认知和语言组织方式，比如之前曾广为流行的构式“NP 中的 NP”“X 中的战斗 X”，以及现在仍在大量使用的“很＋NP”“行走的 X”“不是所有 X 都叫 Y”“在逃 NP”“野生 NP”等都具有这样的特点。

同时我们认为，对能产性较强、使用频率较高的新兴网络构式逐一进行深入分析，对了解语言的实时变化以及某段时间的社会心理是很有必要的。网络流行语言通常具有更新迭代较快的特征，但该构式从出现至今已近10年，目前并未出现式微的迹象，反而逐步扩大了适用范围，从其构式义的独特性以及使用现状来看，有理由认为该构式在接下来的一段时间内可能仍会被高频使用。

同时，从国际中文教育的角度来讲，由于网络与人们生活的联系日益紧密特别是中国网络社区影响力的加大，越来越多的汉语第二语言学习者特别是青少年学习者会频繁接触到中文网络社区的语言，他们不可避免地会接触到含有类似于"AB本B""AB分B"构式的句子，而由于这类构式本身的透明度不高，第二语言学习者很难通过既有的语言知识理解其真实语义，因而会产生理解上的困难。因此，国际中文教师应该对网络语言中流行的词语、构式等语言现象保持敏感的态度，并且在教学中根据学习者的具体需求有针对性地进行适当补充，这样对第二语言学习者来说，学到的才是最真实的、"活"的语言。

传播研究

国际中文教育与国际传播的历史性合流

姜　飞*

【摘要】　以中文知识、信息为主要传播内容的国际中文教育在深度融入全球的过程中，有必要将国际传播作为一个重要的理论探索视角，概括并总结实践下探后的理论思考。当前，教育与传播在实践层面的功能同构和互构，已经将两个领域推向了思想交汇的理论高地。跨越国家边界和文化边界的国际中文教育，具有消除“文化赤字”、扩充知识储备以影响思想、强化优势意识形态的国际传播功能。在走向深度融合发展的当下，应该对国际中文教育和国际传播的领域交叉抱有更高远的思想期待，即二者的精神性相合和历史性合流。

【关键词】　国际中文教育；国际传播；知识生产

教育和传播的关系，从学理上看，体现在以下三个方面：第一，从过程属性来看，二者都是传播，教育是以知识为主、信息为辅的传播，区别于以信息为主的大众传播。第二，从传播方式来看，教育传播是广义大众传播的一种，是以教室为空间，以教师为主体，以不同年龄段的学生为受众，一对多类型的传播；而狭义的大众传播，则是以社会为空间，以所有人为目标受众，以媒体为渠道的一对多的信息传播。第三，从区域国别视角来看，知识的传播在国内可以被称为“教育”，但是，国际范围

* 作者简介：姜飞，中国社会科学院大学（中国社会科学院研究生院）党委常委、副校长（副院长），中国新闻史学会外国新闻传播史专业委员会理事长。

内的教育，无论是教材输出还是语言教学活动，本质上就是传播，是教育理念甚至是政治制度的跨文化传播，因此，有必要将教育纳入传播学尤其是国际传播视野，丰富以往的教育理念和思想。

拓展到国际教育和国际传播，国际教育本身就是国际传播的范畴。区别于通过大众媒体从事国际传播（一般是信息、观点、知识混杂的传播），国际教育更多的是通过知识的传授和价值观的植入，影响受众看待历史和现状的框架和视角。一个国家内部的教育理念涉及思想、理论、历史和制度，尚且存在很多的选择；而国际教育在专业的复杂性基础上，更是涉及广泛、多维的文化概念和思想边界，超出了教育学的领域，广泛涉及政治学、社会学、心理学、文化学和传播学。比如，某个国家对本国教科书的修订，增加或者删除某些历史，更新某种历史视野，换个角度讲述历史故事、重新评价历史，都会带来知识框架和结构的重大改变，引发世界范围内的连锁反应。

一、文化与文明框架下国际教育的国际传播功能具体面向

第一，国际教育的文化功能是消除“文化赤字”，发挥文化外交功能，消除文化误会。德国的歌德学院、西班牙的塞万提斯学院和中国的孔子学院等都承担了这项功能。语言作为文化的载体，是传播文化的重要途径。英语使用人口在全球范围占绝对优势的背景下，德语、法语、西班牙语以及汉语、印地语等，就成为弱势语种和弱势文化；这些语种所代表的古老文明诞生了极其丰富的“诗歌、词曲、小说等经典的文学作品，但是由于语言翻译的障碍，其他语言背景的人无法接触或难以理解这些人类文明史上伟大的作品”[①]。因此，为了避免作为工具的语言成为交流的障碍，向世界范围内有需求者提供语言教学，是极其必要的。

① 陈培爱、沈蓓蓓：《跨文化传播视域下的孔子学院功能研究》，《新闻春秋》2013 年第 4 期。

第二，国际教育的文明功能是通过更改知识储备的方式影响思想。美国文化理论家伍兹认为，“在任何情况下，当环境的改变需要新的思维和行为模式时，社会文化变迁的必要条件就出现了”①。而清华大学葛兆光教授则进一步把这种必要性概括为知识和思想之间的关系，提出：“有时，知识的储备是思想接受的前提，知识的变动是思想变动的先兆。”②“正是知识的背景，支持着思想史的谲诡的风云变幻，使思想史上的种种奇异的、怪诞的思想具有可理解的背景和土壤，思想脱离知识系统的支持，将失去语境。”③两位学者说明了一个问题，即社会文化变迁的必要条件是环境的改变引发对新的思维和行为模式的呼唤，而新的思维和行为模式来源于相对应的知识储备。因此，国际教育是通过引进外来知识、先进知识摆脱本国、本地区相对固化的知识结构和知识视野，推动知识更新，进而推动文明演进和文化变迁的重要途径。

第三，国际教育的政治功能，具体表现为，作为一种国际传播的工具，国际教育是通过强化优势意识形态进行国际传播的。在知识储备变动过程中，媒介并不是遵循这样的原则，即把一切称得上有利于人类认识自然、认识社会和推动社会发展的知识不遗余力地推到人们认识的前台。媒介以其独特的地位和信息的组织、发布方式对人们从教育机构获得的知识进行政治性润色、重组；并且，媒介以其持续稳定的信息流在很大程度上还引导着受众对知识类型和方式的选择。总之，媒介所媒介的是优先意识形态，在这一点上，国际教育与国际化媒介的功能走到了一起。媒介消费的随意性和充分的选择性导致某种错觉：“媒介似乎就天然不具有把自己的意识强加于受众的能力。”④但传播学中的基础理论已经充分点明，新闻传播采访、报道、编辑以及传播的选择性和议程设置功能决定了传播是将意识形态植入这样的选择和传播过

① [美]克莱德·M. 伍兹：《文化变迁》，施维达、胡华生译，云南教育出版社 1989 年版，第 22 页。
② 葛兆光：《中国思想史》第一卷，复旦大学出版社 1998 年版，第 29 页。
③ 葛兆光：《中国思想史》第一卷，复旦大学出版社 1998 年版，第 30 页。
④ [美]约翰·费斯克：《理解大众文化》，王晓汪、宋伟杰译，中央编译出版社 2001 年版，第 186 页。

程，让受众优先获得主流意识形态的信息和视角进而影响受众。同理，教育的过程，是教师和学生对共同的文本——教材在互动中进行信息传播和知识生产，在教室和相关延伸的共同场域内，某种社会优势价值体系在被不断强调和传承，使得受众群体与其“保持某种特定关系。这就是意识形态”[①]。教材使用者在传播中与历史、文化和政治符号“一唱一和，才能保存文化里的迷思(myth)和隐含的价值。存在于符号与使用者、符号与迷思和隐含义之间的关系，正是一种意识形态的关系”[②]。因此，媒介和教育所传播的不仅是意识形态，而且是优势的或主流意识形态，是经过预先设计的，并通过传播的重复作用进入人们的消极意识之中而成为习俗或惯例性思维方式，从而将意识形态的功能发挥于无形。

二、国际教育与国际传播各自局限性、互补性的功能同构

教育的阶段性与传播的过程性都在国际传播过程中有各自先天的局限性，可以发挥互补的作用。在任何一个国家和时期，教育和传播的终极目标，似乎都是对成熟、稳定、负责任的社会主体的培养。从阶段性来看，教育比大众传播更早地介入这个过程，一般可以从幼儿园和小学开始，教育就介入个体意识建构的过程。等个体长大成人开始自主决定媒介选择和消费的时候，教育的功能已经基本达成。但媒介介入的时间在不同的国家有很大差异，同时，对于介入媒介消费和生产的态度也有很大的跨文化差异。有些国家会通过在小学就开设“媒介素养”课程的方式，了解媒体，并将有关媒体领域的意识植入这样的课程，比如，哪些媒体是可信的(包括国家)，哪类信息该如何看待等。但有些国

① [美]约翰·费斯克:《传播符号学理论》，张锦华等译，(台北)远流出版事业股份有限公司1995年版，第218页。

② [美]约翰·费斯克:《传播符号学理论》，张锦华等译，(台北)远流出版事业股份有限公司1995年版，第225—226页。

家从教师到家长都不鼓励过早去介入媒体，甚至还严格控制看电视和上网的时间，在 20 世纪 90 年代还有有关“开或者关电视”①的争论。

这样的差异，推动教育和传播的融合互补式发展，呈现出三种类型素养的梯次发展规律：媒介素养、知识素养（或认知能力）、传播素养。媒介素养指的是公民对信息的认知能力、获取信息的能力、了解媒介信息生产过程的能力、理解媒介影响的能力、对于来自媒介信息的判断和理解能力的组合。知识素养则把媒介素养定义中的“信息”置换为知识，是公民获取知识的能力、了解知识生成过程的能力、理解知识生产影响的能力、对于各种来源的知识有判断和理解以及生产新知识的能力的组合。而传播素养，更多地表现为一种传播能力，是在有了一定的媒介素养的基础上，依法依规进行信息和知识有效传播的能力。从理论上来说，这三种素养是可以互补的，但因为各自都有传播的侧重点和优势主导性差异，决定了媒介素养教育和知识素养教育存在某种政治性建构捷径——直接在媒介素养课程中将特定历史和特定国家打上标签，由此主导知识学习的方向，培育特殊人格和具有政治目的的人群。传播素养更多地表现为一种依法依规进行有效传播的自制力。缺乏媒介素养但有较多知识储备和认知能力的人群，在成年后介入传播尤其是国际传播的时候，会因为媒介素养的匮乏导致传播失范；而媒介素养比较高但缺乏知识储备的人群，则比较容易被优势性的观点和舆论左右，由此会根据其传播素养的高低决定社会影响力。

综上，媒介素养在某种程度上是传播自制能力的前提，而知识储备是传播自制能力的基石，是媒介素养所体现出的能力不至于落空和走

① 全世界第一个“关掉电视机”的定期活动起源于 1994 年的美国，至今已经举办 12 届，都是为期一周。“关掉电视，开启生活”（Turn-off TV, Turn-on Life）活动均在每年 4 月举办。为了什么而关机？在美国，关机本身似乎就是目的，不是改革电视的手段。它认定电视这样的技术形式带来了莫大的问题。推动这个活动的社团认为，人们应该把看电视的时间（美国家庭电视机平均一日打开的长度是 7 小时 40 分钟，其中，一个人平均一日看 4 小时），用来转为从事其他活动。推进这个运动的人似乎有个倾向，他们对于商业或非商业、制度与否，好像不怎么特别在意，他们的关注点，只是在于美国人应该减少接触电视这种有害身心、恶化了人际关系且使人们退缩的传媒。参见冯建三：《开或关，这是个问题——评介美国关电视机运动》，《国际新闻界》2006 年第 10 期。

偏的保障;传播素养是媒介素养的延伸和落实,同时也是知识/教育传播致效的基础,如果个体或者主体传播素养不足,即便有再高的媒介素养和知识素养,也无法达到理想的传播效果,最终还是被优势媒介和优势意识形态所左右。

三、国际教育和国际传播逐步走向融合发展的现实路径

第一,高度重视国际教育的国际传播功能,从教育主体出发,积极规划教育的国际传播过程。历史上,"遣唐使"(日本来华留学生)就很重视知识性的教育与传播功能,其身份也不完全是可以用今天的"留学生"来概括的,他们大多为日本社会的中层官僚子弟,以及与日本的皇室、皇族及朝廷其他官员有着紧密关系的人群。他们被安排到国子监[①]学习,较为优秀的留学生继续学习法律、书法、绘画、算术等专门的技艺。"很多留学生与学问僧在唐停留二三十年之久,对唐文化濡染很深,他们学有所成就陆续归国,积极从事唐文化的传播。"[②]在当前国际传播能力建设的过程中,有必要从国际传播视角出发,提升教育主体的传播素养;并且在当前的教育体系中,尽早融入媒介素养的课程;同时,重点关注教育教材内容的传播性以及全球传播情况。

第二,高度重视国际教育和国际传播的互补性特征,从传播主体意识出发,规划国际教育和国际传播的步骤、节奏和内容、传播方式。国际教育传授的是知识,其主要生产和传播主体同时包含专家、教师和记

① 国子监是唐朝的高等学府,分为国子、太学、四门、律、书、算等六馆,大多数留学生在前三馆中学习经、史,他们所用的教材和学习的时间都与中国学生相同,即学习《孝经》《论语》一年,学习《尚书》《春秋公羊传》《春秋穀梁传》各一年半。此外,还要学习《周易》《毛诗》《周礼》《仪礼》各两年,学习《礼记》《左氏春秋》各三年。国子监是官办学校,由官方给学生提供相同的衣食住行基本费用。与中国学生不同的是,这些留学生的费用来源于鸿胪寺而非国子监。学生需要向老师奉上束脩或购买书籍,因此官方供给的经费远不够花费。橘逸势说:"此国(唐朝)所给衣粮仅供续命,不足束脩读书之用。"其不足的部分一般由日本方面进行资助,主要通过遣唐使节赠予资金。参见韦婉:《日本遣唐使在华活动研究》,《边疆经济与文化》2020 年第 7 期。

② 韦婉:《日本遣唐使在华活动研究》,《边疆经济与文化》2020 年第 7 期。

者等。学者是“知识分子”和“知道分子”的组合。“知道分子”是知识分子的一员，比如部分教师、记者和学者，他们掌握了丰富的历史和文化以及各种领域性的知识，像移动的图书馆。而专家型的学者，不仅是“知道分子”，更是“知识分子”，他们同时掌握了丰富的知识和研究规律、研究方法，能够有效传承人类历史专业知识和文明，能够洞察知识点背后的逻辑关系，能够用科学的方法生产新知识，建构人类的知识树。教育的基本功能是花匠，传承和维护着这棵知识树，将知识和常识原汁原味地讲述和传承下去；还有另外一批人，分期分批地来到知识树下，从这样的树上摘取果子，各取所需，虽然有时暴殄天物，但是却也有效地协助知识传播出去了，比如记者和其他的传播主体。从这样的角度来看，在国际传播的战略规划中，就需要深入研究不同类型的主体如何恰切地介入知识生成和知识生产的过程，有效发挥教育和传播的双重功能。

第三，高度重视国际教育内容的跨文本性与跨文化性。教育文本（教材和各种教辅）是一个跨文化和跨文本性的产物。类似中国古代小说和戏曲的关系，小说情节与戏曲作品相互改编和跨越的现象屡见不鲜，其共性就在于增加可沟通性或者可传播性，增进传播效果。“明清时期的国际中文教材收录了许多通俗小说与戏曲作品，这些教材的编写者不仅会使用当时通行的官话对相关作品进行改编，而且往往会对源文本进行翻译，故此相关改编教材也获得了相对独立的文本价值和艺术成就，同时在一定意义上反映出南北方官话的差异与演变进程。”[①] 教材的跨文化性也是跨文化传播领域的重要思考和研究对象。中国古代小说和戏曲，是丰厚的文明与文化发展的结晶，反映了中国文化心理、文化底蕴、文化内涵，其作为跨文化传播的文本现象很自然，而被改

① 王晓艳、王继红：《中文教材促进中华文化传播——以元明清时期为例》，《中国社会科学报》2023年1月30日。

编成教科书则比较独特,“在改编过程中,域外相关学者通过移用小说与戏曲的情节和内容重构新篇,创作出适合当时当地语境的中文教材。通过这些教材,中国的小说和戏曲作品同当地的文化发生了互动,并在这一过程中吐故纳新,获得发展,展现了一些新的文化元素”[①]。

第四,从知识和信息的关系来看,恰切处理好国际教育与国际传播的知识内容方面的战略互补。我们在高中及以前所学的知识,绝大多数是稳定限定的知识,也就是说,历经岁月,在多个领域和实践层次反复验证过的定理、公理性知识。到了大学,进入一个领域(经济学、社会学、新闻与传播学等),知识的呈现出现分层。第一重就是处于底层的该领域相对稳定限定的知识,即便是以假设的方式存在,但也经过了不同文化和地理区域的不同学者的验证。此外,第二重,就是针对本领域问题意识衍生出来的经验性知识体系,一般称之为假设或者理论。比如新闻与传播学领域,大部分的理论和假设是基于传统媒体(报纸、广播、电视)的传播规律,随着信息传播新技术的变迁,以往的假设和理论大多面临重新审视,并且还会在新的技术视角和社会文化语境下进行重新构建,这就有了知识的第三重——一个新知识生产的过程。从教育视角来看,知识的传承需要同时依靠教材和课堂,而所谓“教材”,大多就是第一重和第二重两类知识的组合,是共识的集锦;而课堂的教育过程,也就是知识的传播过程,在新知识生产方面发挥着重大引领作用,所谓“教学相长”的道理就源于此。从传播视角来看,通过引用、强化和重复等传播方式来发挥对重要知识的传承,同时,教育的主体(教师、教授)适当介入传播过程,以知识传播的主体角度对社会舆论和社会现象,运用知识和理论进行阐释与分析,进而推动知识的传承和传播,反过来影响舆论,也是常态。

① 王晓艳、王继红:《中文教材促进中华文化传播——以元明清时期为例》,《中国社会科学报》2023年1月30日。

第五，高度重视教育技术和传播技术，从战略传播视角出发，统筹不同类型的平台，提升教育主体的传播素养，提升传播主体的知识素养，打通教育平台和传播平台的壁垒。教育领域的“电化教学”[①]，是区别于“一张黑板、一支粉笔、一本书”的课堂模式，将幻灯、电影、录音、广播、电视、录像、电子计算机等设备引入教学，被称为“视听教学、电化教学、教育工艺”，对于知识普及和提升人才培养效果，有很大的积极作用。早期的课堂，“图像”是通过教师的讲解和学生的想象力共同作用建构起来的，但是，电化设备可以直接提供图片，“与早期教育中所使用的广播、电视和电影类似，图像也可由摄影、光刻等手段和设备所产生，如20世纪30年代在教育中广泛使用的幻灯片和投影机。这些媒体所表达的信息远远超过了文本。新功能和可供性(affordances)带来了新的挑战”[②]。这样的教学过程，实际上已经从形式上与大众传播领域信息的传播技术边界打通了。尤其是互联网发展起来以后，课堂不再是“隐秘的花园”，教学设备随时可以联网，与外部的信息几乎可以同步；学生也不再单纯地听课，他们可以通过手机等各种终端，随时进行联网，验证疑问，验证教师分享的经验性知识的真伪，从而提出新问题，发展新知识。此时，课堂就是社会，这些教学设备就是媒介，教师和记者的边界模糊；如果将这样的课堂引入远程信息技术，可以和国际上其他国家和地区的学生同步上课和讨论，那么国际教育和国际传播就在信息传播新技术的支撑下几乎完美地走到了一起。

教育部提出，要主动顺应信息技术发展及传播方式的深刻变化，加强机制创新、流程优化，打造集统筹调度、融媒发布、舆情应对、政务服务、公众互动等功能于一体的统一平台，加快探索新时代“全程、全息、

① 19世纪90年代，幻灯最早运用于教学。20世纪初，唱片、无声电影开始在军事训练中应用。20—40年代，广播、有声电影、录音等教学工具相继出现，电化教学有了新的发展。50年代后，不少国家的军队广泛采用闭路电视、程序教学机、电子计算机教学，电化教学已日益成为军事训练中重要的教学手段。

② J. Michael Spector、任友群：《教育技术的历史》，《电化教育研究》2016年第2期。

全员、全效”教育融媒体发展路径。要坚持目标管理和过程管理相结合，及时总结经验，推动试点工作扎实开展，不断提升教育新闻舆论工作的传播力、引导力、影响力、公信力，不断推进教育治理体系和治理能力现代化。① 总之，国际教育和国际传播无论是从理念、渠道还是内容方面，从江湖相望到领域交叉，从精神性相和到历史性合流已经呼之欲出。

① 参见教育部：《2019 教育融媒体建设试点工作推进会召开 首批确定 15 家试点单位》，2019 年 12 月 5 日，http://www.moe.gov.cn/jyb_xwfb/gzdt_gzdt/s5987/201912/t20191205_410987.html。

分裂与弥合：中国文化海外传播的认知断裂与数字缝合*

晏 青 刘佳鑫**

【摘要】 中国文化海外传播处于复调格局之中，在不同国家、群体、场景或平台上有着不同的逻辑，海外社会对中国文化的认知出现差异、矛盾，甚至分裂现象。本文运用文本分析法和深度访谈法，分别对社交媒体数据和受众进行分析。研究发现，网络社会与民间社会在中国文化议题上存在主题偏向、情感态度与认知取向上的差异，对中国文化的认知呈现分裂现象。要实现中国文化在海外社会的有效传播与融入，便要在数字空间与现实空间的互动中，寻求不同文化的对话；从日常生活入手，加大中国优秀文化进入海外社会"公约数"；适当在社交媒体上进行议程设置，提升话题总量，实现话题建设、舆情引导和文化增量。本文揭示了国外社会对中国文化认知的复杂性，提出"数字缝合"以缓解认知冲突，提升中国文化对外传播的影响力。

【关键词】 中国文化；对外传播；文化传播；数字缝合

中国文化对外传播是增强中华文明传播力、影响力的应有之义，涉及文化软实力、国家形象、文化现代化等话题，近年在中西"冲突"中显得尤为重要。可是中华文化在西方社会似乎存在类似传播矛盾：传统主流媒体对中国文化的报道总量偏少且负面报道居多（比如"傅满洲形

* 本文系广州市哲学社会科学发展"十三五"规划项目"中华文化移动传播与文化创新研究"（项目批准号：2019GZGJ30）阶段性成果。

** 作者简介：晏青，暨南大学新闻与传播学院教授，博士生导师；刘佳鑫，暨南大学新闻与传播学院硕士生。

象”);社交媒体对中国文化的呈现充满各种异质性(比如“李子柒”与“洪水猛兽”并存);精英阶层加强意识形态宣传,民间社会却更加包容。

目前关于该议题的研究主要聚焦于分析西方主流媒体的报道框架以及审视和批判此类报道隐含的意识形态因素,或是结合海外社交媒体中成功的中国文化传播案例探讨跨文化传播的内容创新路径和形式创新路径。不少研究各执一端,或看到“灰暗之未来”,或看到“无限之光明”,同时观照海外社交媒体空间与现实社会的两个话语实践空间,探讨两个话语场存在的认知断裂逻辑的研究较少。本文试图对这种复杂的文化传播现实进行分析,综合运用文本分析法和深度访谈法,选取海外社会广为使用的社交媒体平台 Twitter 和 Reddit 作为观察中国文化海外传播实践现状的网络田野空间,将其中指涉中国文化的文本内容作为研究样本,探寻文本背后的话语框架、认知特征和情感态度。同时通过深度访谈法获取海外社会层面谈论中国文化的个性经验材料,进一步揭示其参与中国文化传播的认知逻辑,以期拓展跨文化传播理论的分析空间和应用范围,为中国文化的全球传播提供助力。

一、文献综述

时至今日,世界传播格局经历了英法奠定国际传播基础格局、美西方传媒全球扩张与布局以及美国全球传播格局重组三次浪潮[①],随着全球化进程的深入发展与国家文化战略的纵深布局,中国迎头赶上第三次国际传播浪潮,通过体制创新、技术创新与推进个体化国际传播主体布局三个维度逐步打破西方主导的世界信息传播秩序[②]。国内中国文

① 参见姜飞:《国际传播百年未有之大变“局”——利益、边界和秩序的接力》,《新闻与写作》2021年第10期。

② 参见姜飞:《中国国际传播高质量发展基础与未来》,《编辑之友》2023年第3期。

化海外传播的研究盛行于21世纪初[①]，研究成果颇丰。近年来，相关研究主要从国家顶层战略、海外传播主体、海外传播内容、海外传播效果四个方面展开。

一是围绕国家顶层战略展开。“一带一路”作为国家推动经济全球化深入发展而提出的国际区域经济合作新模式，是中国与其他国家文化互联互通、中国文化要素向外流动的纽带桥梁。[②] 有学者结合历史与空间维度考察文化要素跨境流动的方式和流向，认为应该把握“一带一路”的传播机遇，从日常生活的物质需求和符号意义诉求层面入手，借助间性对话和文化传播“在地化”路径，挖掘沿线国家历史和文化记忆资源[③]，在多元文化中寻找社会与文化构建关系的关键因素，以此获取文化认同，建立文化互信，提升中国文化传播力。

孔子学院是国家文化战略框架下的重要文化传播载体。孔子学院作为中国文化与世界各国教育文化交流的重要窗口，自创立以来就发挥着传播中国文化、增进中外友谊、促进文化交流的积极作用。在“一带一路”倡议的视域下，孔子学院以教育教学、文化传播为核心功能，以学术研究、文化外交、社会公共服务和中外联络纽带为衍生功能[④]，搭建文化交流和民心沟通的桥梁。然而，孔子学院却在蓬勃发展中陷入了西方媒体的舆情困境，出于西方媒体新闻价值观、政治因素及受众态度等多方原因，西方部分国家陆续关停孔子学院。[⑤]

二是围绕海外传播主体展开。主流媒体和民间传播力量构成了近年来中国文化海外传播的主要力量。主流媒体方面，面向全球传播的

① 参见许德金：《中国文化软实力海外传播研究：现状、问题与对策》，《外语教学与研究》2018年第2期。
② 参见胡键：《文化要素跨境流动与中国文化传播力提升》，《现代传播（中国传媒大学学报）》2020年第4期。
③ 参见赵永华、刘娟：《文化认同视角下“一带一路”跨文化传播路径选择》，《国际新闻界》2018年第12期。
④ 参见赵成新：《“一带一路”视域下孔子学院的功能与实现》，《河南大学学报》（社会科学版）2020年第2期。
⑤ 参见张未然：《新形势下孔子学院的舆情困境：特征、原因与对策》，《现代传播（中国传媒大学学报）》2021年第3期。

主流媒体是学界考察中国文化海外传播现状的重要参照。其中，CGTN（中国国际电视台）、*China Daily*（《中国日报》）和《人民日报（海外版）》是主要研究对象。例如，从场景传播角度分析CGTN“两会”报道、基于实证分析探讨*China Daily*的扶贫议题报道以及分析《人民日报（海外版）》“二十大特刊”系列报道。民间传播力量方面，“李子柒”无疑是“讲好中国故事”的典型案例。多个研究围绕李子柒视频的题材来源和文化符号、情感结构和文化机制以及传播效果等维度进行了翔实而充分的论证。通过“他者”视角传播中国文化的外国网红同样受到学界关注。有学者采用内容分析法从微博内容形式和指向、主题类型、态度倾向、主流媒体报道情况等维度对样本进行编码，发现人民网等主流媒体对于外国网红的认同度较高，乐于报道与转发其原创作品。[①] 这侧面说明外国网红在构建中国形象方面发挥着独特作用，其传播活动更加贴近海外社会的文化传统、思维习惯以及语言表达方式，具有“润物细无声”的外宣效果。[②]

三是围绕海外传播内容展开。中国文化的海外传播内容研究具体涵盖以下几个方面：中国传统文化的海外传播，如中医药的传播实践；国家形象或城市形象的海外传播，如国家形象跨文化传播的实现路径以及北京城市形象的对外传播；本土影视的海外传播，如《延禧攻略》的社会化媒体传播模式；网络文学的海外传播，如网络小说的海外传播路径。其中，网络文学和影视艺术的海外传播近年来备受关注。有学者从全球媒介革命视野出发，追溯中国网络文学近20年的发展历程，认为“中国特色”的出版制度和文化环境赋予网络文学得天独厚的发展空间，使其能够收获大批海外粉丝，成为兼具本国特色和国际竞争力的文

① 参见王国华、高伟、李慧芳：《“洋网红”的特征分析、传播作用与治理对策——以新浪微博上十个洋网红为例》，《情报杂志》2018年第12期。

② 参见杜国东：《试析如何发挥洋网红在中国国际传播中的作用》，《国际传播》2019年第6期。

化输出力量。[①] 在视听文本方面，作为兼顾大众文化和精英文化的中国本土影视作品也迎来了“出海热”。有学者从电视剧、电影与纪录片的海外传播现状出发分析中国影视海外传播的成就与不足，认为语言差异、传播方向单一等是中国影视海外传播的阻碍，未来还需要在开阔的跨文化视野上，凝练中国元素，打造文化共同体。[②]

四是围绕海外传播效果展开。针对中国文化的海外传播效果，有学者认为应该建设一套科学客观、可量化、可操作的中国文化“走出去”效果评估体系。效果评估体系应当在遵循自主原则、创新原则和文化自信原则的前提下，从认知、态度与行为三阶段传播效果构建。[③] 另外，不少学者针对外国受众对中国文化符号的认知情况展开调查。比如针对国外受众，通过对来自 15 个国家共计 4589 例研究对象的问卷调查，发现“一带一路”受众对于中国传统价值观的认同度整体高于发达国家。[④] 总体而言，古代文化符号和全国性文化符号一贯是中国文化符号的主要呈现方式，但从针对国外受众的调查中发现，其对于中国文化符号的认知度和好感度仍有较大的提升空间，这就需要对丰富多彩的中国文化符号进行选择与重组。[⑤]

由此可见，学界在国家战略层面、传播主体、传播内容、传播效果等方面已经展开了丰富的对话与探讨，为后续研究提供了理论基础和实践参考。然而，海外社会对中国文化的认知研究，往往被归类于传播效果的研究范畴，主要涉及海外受众对中国文化符号认知、中国文化观念认同、影响认知的传播因素、提高认知的可行策略等。在研究方法方

① 参见邵燕君、吉云飞、肖映萱：《媒介革命视野下的中国网络文学海外传播》，《文艺理论与批评》2018 年第 2 期。

② 参见史睿：《跨文化传播下的中国影视现状分析》，《青年记者》2018 年第 20 期。

③ 参见李怀亮：《浅析中国文化走出去效果评估体系的构建》，《南开学报》（哲学社会科学版）2018 年第 3 期。

④ 参见杨越明、藤依舒：《国外受众对中国文化符号的认知与印象研究——〈2017 外国人对中国文化认知调研〉系列报告之一》，《对外传播》2018 年第 8 期。

⑤ 参见樊丽、吴晓东：《地方与国家的“合奏”：中国文化符号海外传播突围路径》，《编辑之友》2023 年第 8 期。

面，多采用问卷调查法和深度访谈法相结合的形式，对不同国家和地区的公众进行调研和采访。另外，不少研究集中于批判西方主导的世界话语体系，或是单独观照国际社会对中国文化符号的认知情况，缺少对二者的综合研究。基于此，本文将聚焦海外社交媒体与现实社会层面对中国文化的认知缝隙、认知现状，提出国际数字空间和现实社会层面两个话语场的弥合之道，以期为中国文化的海外传播提供参考。

二、研究设计

中国文化对外传播的语境较为复杂，为避免因意识形态、语言不通、文化差异带来的数据误差，本文综合运用文本分析法和深度访谈法。

一是文本分析法。选择英文世界广为使用的两大社交媒体平台 Twitter 和 Reddit，将其中指涉中国文化的文本内容作为研究样本，探寻文本背后的话语框架、认知特征和情感态度。针对 Twitter，本文通过 Twitter 的公开数据接口(application programming interface, API)和网络爬虫技术，以"China/Chinese＋culture"为关键词采集平台中近三年的推文数据，在进行数据预处理后共获得 20 多万条有效研究样本。进一步运用 LDA 主题模型对所获样本进行主题提取，共获得 8 个最优主题数量以及每个主题对应的 30 个高概率词。针对 Reddit，同样以"China/Chinese＋culture"为关键词在平台中检索相关话题，在广泛浏览筛选而出的众多话题讨论中，选取平台近三年来浏览量、点赞数、评论量综合排名前 10 的代表性话题的讨论文本作为研究文本进行细读，以此探究中国文化在海外社交媒体平台中的话语实践情况。

选择这两个社交媒体平台主要出于以下原因：其一，多元广泛的用户群体。二者同为全球最受欢迎的社交媒体之一，覆盖不同国家和地区且用户活跃度高，能够反映不同文化背景的国外受众对中国文化的看法和态度。其二，文本内容的可分析性。Twitter 和 Reddit 同为基于文本传播的社交媒体，适合通过自然语言处理技术进行文本数据挖掘和话语认知分析，便于提取其中的主题、观点和情感等信息。另外，两个平台又有所区别。Twitter 类似国内微博平台，以短消息和实时新闻见长，更受明星名人和粉丝群体欢迎；Reddit 类似百度贴吧，专注于社区圈层互动，占据更多下沉用户市场。两个平台定位的差异有助于形成互补，从而成为探讨中国文化在海外社交媒体平台中呈现和传播的重要窗口。

二是深度访谈法。为了探讨海外民间社会对中国文化的整体认知、言说方式和情感偏好，本文通过深度访谈法获取经验材料，进一步揭示其背后的内容指向和话语特征。具体而言，本文利用海外社交媒体平台以及滚雪球的方式招募访谈对象，考虑到对不同国家地区和文化背景人群的覆盖程度，在筛选访谈对象时，除了关注受访者的国别、年龄和性别的多样性，还考虑了他们对中国文化的接触程度和感兴趣程度，尽量选择对中国文化有一定了解的国外受众，以确保访谈的质量和效果，同时从日常生活中去选择受访者，以最大限度地实现与社交媒体受众的区分。在问题设置上，有意识地避开政治领域、经济领域等问题，聚焦中华文化。最后共访谈了 21 位国外受众，其中美国 5 人、欧洲 7 人、非洲 3 人、日本 3 人、韩国 3 人。在年龄分布上，18～25 岁的 8 人，26～35 岁的 10 人，36～55 岁的 3 人；在性别分布上，男性 9 人，女性 12 人。因受访者所在地分散且存在时差，故采用线上语音访谈形式与受访者联系沟通，在访谈过程中除了参照事先拟定的访谈提纲，也依据实际访谈情况进行适当追问，以此获取更丰富的个性经验资料。

三、研究发现

本文综合海外社交媒体与国外普通受众涉及中国文化的话语实践文本，探讨了二者围绕中国文化所体现出的言说主题、情感态度和认知取向。

（一）主题差异：多元共存与关注日常

海外社交媒体聚焦文化背后的意识形态，现实社会层面更加关注日常生活的文化体验。相比现实社会，网络社会具有前现代社会的特征，人们因彼此都关心同一领域和同一问题而形成“机械团结”的关系①，当不同文明在网络空间中交会，“差异”反而成为显见的共同话题，据此引发的矛盾也推动了“网络民族主义”的抬头。本文运用 LDA 主题模型提取 Twitter 文本数据的主题，发现其中一项牵涉文化冲突且获得较高关注度和讨论量的话题是“新年争议”，其呈现出多元的内容指向。近两年，“农历新年”的英文表达方式在亚洲文化圈掀起热议。在一些官方组织中，出现了将 Chinese New Year 称为 Lunar New Year 的趋势，这种话语的转变引起了部分中国网民的不满，他们认为这种称谓是“去中国化”的政治表达。韩国、越南网民却认为“中国新年”这一表述抹杀了本国的文化传统。在中、越、韩三国网友眼中，这是一场涉及语言政治和身份认同的“文化争夺战”，文化的本质并不关键，关键的是文化归属于哪一类人。在文化的意识形态领域之外，国际社会对中国文化有更为生动的认知。在遭逢本土文化与异质文化的共通与碰撞时他们更关心具象的文化体验与审美实践，诸如看熊猫、穿旗袍、吃饺子等行为构成国外受众对中国文化的直接感知经验，将飘浮的“东方古国”拉回人间大地，冲淡了网络骂战中弥漫的偏执情绪和不确定感。中

① 参见童星、罗军：《网络社会：一种新的、现实的社会存在方式》，《江苏社会科学》2001 年第 5 期。

国在可见可感可触的文化实践中不再是“意识形态化”的危险国家，也不是“乌托邦式”的富庶天国①，而是全球文化浪潮中碰巧遇上的灵动鲜活的审美对象。

文化之争背后是话语权之争。“话语权”源自法国哲学家福柯的“话语权力论”，他认为话语和权力相伴相生，任何话语都是一种为实现主体意图而被生产出来的策略与权术。② 文化是一种话语实践，文化之争就是不同的话语实践之间的竞争和冲突，它关乎谁能够定义和传播话语。随着世界多极化加速发展，网络舆论场中的“文化争夺战”从未止息。泰国和柬埔寨的泰拳与高棉拳之争、中国与韩国的端午申遗之争、迪奥“马面裙”风波等不胜枚举的文化纠纷都昭示了文化从来不是理想化的永恒价值体系，而是“现代世界系统的意识形态战场”，汇集多元文化背景的社交媒体同时也是政治、经济和文化等力量博弈的场域。③ 不同文化有其独特的表征形式、精神内核与传播样态，但民族性特质是文化绵延生长的本质力量，一个民族在长期的历史发展过程中所形成的语言文字、习俗传统、价值观念和生活方式是其得以存在和发展的基础，也是民族文化自信和自尊的体现。在此前提下，不少人将文化全球化浪潮视作摧毁文化多样性和民族性的“阴谋”，针对文化帝国主义和文化霸权主义的现代性隐忧就此滋生弥漫在网络社会中④，由此引发的“文化争夺战”实质上是对民族文化纯洁性的捍卫，是对文化话语权的争夺。

与网络世界相对，现实层面海外受众对中国文化的感知体验更加“去政治化”。文化的“去政治化”是指将文化问题从政治的角度剥离出

① 参见周宁：《另一种东方主义：超越后殖民主义文化批判》，《厦门大学学报》（哲学社会科学版）2004年第6期。
② 参见岳圣淞：《场域视角下的国际话语权：理论、现实与中国实践》，《当代亚太》2020年第4期。
③ 参见陆敏：《“去蔽”与“解构”：海外自媒体“中国故事”传播实践探究——以YouTube平台“Living in China”频道为例》，《湖北大学学报》（哲学社会科学版）2023年第5期。
④ 参见路向峰：《文化全球化背景下中国文化道路的实践选择——兼论中国特色社会主义文化发展道路的民族性特质》，《社会科学家》2015年第8期。

来，不再将文化差异视为政治对立或冲突的根源，而是尊重文化的多样性和自主性。在国外受众的叙述中，中国新疆是风景壮丽的旅游“打卡点”；中国是“深夜都能出门”的全球最安全地；在海外人气颇高的本土网络文学、古装剧集和萌宠熊猫所构成的中国形象与虚拟世界中水深火热的国家形象形成鲜明对比。中国形象在国际社交媒体和现实社会层面的表意形式如此不同，表明世俗化的文化传播进路更能实现春风化雨般的正向文化传播效果。雷蒙·威廉斯在《希望的源泉：文化、民主与社会主义》中指出“文化是平常的”①，它以无意识的方式主导着普罗大众的饮食起居，自发存在的日常生活强调主体自然而然的在场方式、重视情感情绪因素对生活样态的建构作用。从国外受众的叙述中也可以窥见，中国文化的魅力来自平民性的实践层面，他们体验中国文化可能无关身份认同和政治诉求，而仅仅是为了通过在琐碎的日常生活中对他者文化的想象性进入，让自己从单调的日常生活中短暂逃离。无论是品尝中国美食、学习普通话或方言、参与中国节庆，还是探索中国历史和哲学，国外受众都能从中发现中国文化的独特之处和丰富之美。在此维度下，中国文化不是一种抽象的概念，而是一种具体的实践，不是一个封闭的体系，而是一个开放的过程，中国文化不再是网络论战中的攻讦对象，而是朴实的世俗生活中能够让人品味异域情调的途经之地。

（二）情感差异：情绪极化与情绪舒缓

嵌入算法技术的社交媒体平台在一定程度上导致了“对空言说”的无奈。在互联网时代，这种无奈并未远去，后真相社会随之来临。在社交媒体空间成为大众交流场域的现今，算法技术作为伴生性力量在西方政客的操控下成为煽动民粹主义的技术工具，导致受众观念的政治

① ［英］雷蒙·威廉斯：《希望的源泉：文化、民主与社会主义》，祁阿红、吴晓妹译，译林出版社2014年版，第4页。

极化倾向。[①] 通过对 Twitter 用户发布的文本内容进行情感识别发现，约 18.56%的推文情感中立，没有明显倾向；呈现正向情感的推文占 22.11%；呈现负向情感的推文占 59.33%。从数据上看，显示负面立场的推文占比过半，这表明海外社交媒体用户在涉华话题上存在较大的争议和分歧。另外，如果将呈现中性和负面情感倾向的比例相加，可以说 Twitter 用户对中国的评价是褒贬不一的，说明用户在谈论涉华话题时总是持有某种态度，部分负向情感评分的频数相比正向情感评分更加突出。

Twitter 平台关于中国文化的态度取向以负面情感居多，其中缘由与当下"人机共生"的虚拟互动生态体系相关。社交媒体中人类用户与社交机器人共存的生态模式深刻影响了互联网情绪分布状况。有研究表明，Twitter 中针对中国政体、人权状况的批评存在明显的自动化操纵痕迹，即有相当一部分是被社交机器人操纵而形成意见气候。[②] 社交机器人是一种依托大数据平台和算法技术架构，能够在社交媒体平台上模仿人类用户话语和行为习惯，与人类或其他机器人进行交流和互动的智能程序。[③] 它们可以模仿真实用户的行为，发布推文并进行转发、点赞、评论、关注。社交机器人在 Twitter 平台可以扩散或压制某些话题和观点，影响用户的认知和情感，甚至干扰重要的政治或社会事件。社交机器人强大的舆论干扰能力使得特定观点以"共在"和"遍在"的形式充斥在社交媒体空间中，营造了众声喧哗、极端情绪泛滥的热闹场景，真正的理性对话却就此湮没。另外，西方媒体长久以来秉持西方文明中心论对中国进行"他塑"呈现，利用框架桥接、框架增强、框架延

① 参见马立明、万婧：《智能推送、政治极化与民粹主义：基于传播学的一种解释路径》，《理论与改革》2020 年第 4 期。

② 参见师文、陈昌凤：《分布与互动模式：社交机器人操纵 Twitter 上的中国议题研究》，《国际新闻界》2020 年第 5 期。

③ 参见郭小安、赵海明：《作为"政治腹语"的社交机器人：角色的两面性及其超越》，《现代传播(中国传媒大学学报)》2022 年第 2 期。

伸和框架转换等新闻报道手段企图造成系统性孤立、围攻中国的舆论态势。[①] 西方主流媒体和社交机器人的"合奏"使得涉华负面舆情在二者的相互唱和下一直回荡在"回音室"之中，同质观点在重复中不断强化，而势微的差异观点被边缘化，处于其中的个体在证实性偏差的影响下对其他声音置若罔闻，在封闭的环境中，情绪化与非理性因素更加容易滋生。

相比数字空间，现实空间的非理性因素更加容易受到限制和约束，情绪也比较舒缓，没有那种非此即彼的极化情绪，理性思考的比重更大。在现实社会中，人们往往受到社会规范、道德准则和法律制度的约束，这些因素在一定程度上限制了非理性行为的发生。相比之下，网络社会的开放性和匿名性一定程度上满足了哈贝马斯关于公共领域理性对话的需要，然而自由多元的舆论场却并不必然转化为平等协商的资源，反而导致包容性与理性之间的二元悖论。与此同时，西方国家以算法技术为工具推出策略型的民粹主义，操纵政治进程，左右受众情绪。[②] 在日益成为精英政客谋事工具的网络舆论场中，情感动员多于理性对话，观点冲突多于理念共识，情绪性批判总是超越建设性谏言。因此，在中国文化的国际传播实践中，一直存在着"有理说不出"的难题，没有形成对外传播的理性对话空间。相对而言，以物理在场和情感在场存在于现实社会中的主体更能在亲身体验中感受具象的文化载体，而不是仅仅麻木地浏览网络空间中抽象的文化符号。这种在场性给人们提供了直接接触和感知中国文化的重要途径，人们可以更加深入地了解和体验中国文化，在此过程中人与文化的可通达性为理性对话空间的形成提供可能。

① 参见林斯娴：《西方主流媒体涉华报道的框架策略分析》，《现代国际关系》2022 年第 1 期。

② 参见高奇琦、张鹏：《从算法民粹到算法民主：数字时代下民主政治的平衡》，《华中科技大学学报》（社会科学版）2021 年第 4 期。

（三）认知差异：东方古国与现代中国

受文化背景、媒体报道、历史事件等因素的影响，部分国外受众对中国文化的认知存在偏差和误区，比如将中国文化简单归纳为汉服、功夫和春节等符号，也出现将中国文化与其他东亚文化混淆的情况。无论是哪种情形，都体现了一个突出情况，即不少国外受众对中国的认知还停留在前现代想象。也就是说，中国已经成为全球第二大经济体，但却没有发展出能够和现代中国世界地位相匹配的文化影响力。中国物质产品畅销海内外，融入世界人民的生活，而中国文学艺术等文化产品及其价值观念的输出却有限。当代中国文化是融会中国传统文化、马克思主义的社会主义文化以及西方文化的复合体，三者在相互依存的动态演变过程中体现了非均衡性的一面，即中国传统文化的潜在影响超越了其他文化因子对当代中国文化的作用力。[①] 中国优秀传统文化对东亚儒家文化圈乃至西方世界都有深远影响，以至于海外受众对中国的印象停留在传统社会。诚然，文化的创造性转化与创新性发展不是搭建在空中楼阁之上，而是基于中国优秀传统文化实现的文化再造，然而海外社会心目中的中国文化仍然停滞在"遥远的东方古国"，这种现象说明当代中国文化并未在世界范围内产生广泛的影响力。

当代中国文化在现代化转型中历经西方文化思潮的碰撞，其生活方式和言行观念与古代中国截然不同。中国文化的现代化对当代中国先进文化的建构尤为重要。有学者从文化与经济政治、时代性与民族性、本土化与全球化、一元与多元、文化事业和文化产业、人的发展与社会发展等六对矛盾出发辩证把握中国文化现代化的特征。[②] 由此观之，中国文化的现代化进程与中国经济的现代化进程密不可分，同样为中国式现代化道路中的重要发展环节。中国文化现代化的任务之一即为

① 参见李泓：《改革开放以来中国文化变迁研究》，中国社会科学出版社 2018 年版，第 13 页。
② 参见张静、周三胜：《中国文化现代化的特征》，《社会科学》2005 年第 10 期。

批判性继承中国传统文化，汲取其积极因素，消除其落后因素。与此同时，吸收借鉴其他先进文明成果，使之与本土文化相适应。现如今中国愈加深入地推进全球化布局，全球资本和市场的扩张构成当代中国文化现代性的一股塑造力量。而文化主体性的获得在于拥有独立的框架体系，在此体系中的独立文化才能够支撑民族文化的长远发展，推动社会现实问题的解决，应对未来社会的风险挑战，引领创建人类命运共同体。

总体而言，通过对 Twitter、Reddit 两大海外社交媒体的考察以及对用户的言说主题和情感态度的分析，发现海外社交媒体与国外受众感知的中国文化形象存在较大差异，即海外网络空间与现实社会层面对中国文化的认知与评价并不匹配。主题呈现方面，海外社交媒体用户在关注中国文化的同时，更加聚焦背后隐含的政治经济冲突。现实社会层面更关注直接日常的文化体验和感知。情感态度方面，国际网络空间呈现的负面情绪居多，而现实社会层面对中国文化的好感度较高，情感倾向更为正面。认知差异方面，海外受众对中国文化的印象普遍局限于传统文化符号，这与现代中国的真实面貌有所出入。然而，这并不是说这些社交媒体用户全面否定中国文化，他们也同样关注中国的文化历史、新奇见闻以及社会生活。相较而言，我们发现现实社会层面呈现的中国文化形象以及对中国文化的情绪更舒缓，感知体验更为积极。其中，有来华经历的国外受众对中国文化的认知更为丰富，更容易肯定中国文化的多样性和开放性。网络空间与现实社会之间的差异和割裂现象提示我们，在全球化和社交媒体时代，这种差异和割裂可能会导致对信息传播的偏见和误解，以及公众情感的极端化和对立。因此，我们需要更加注重两个话语场的平衡与弥合，推动公共领域中的理性对话显得尤为必要。

四、结论与讨论

随着我国综合国力日益强盛与“一带一路”倡议的高质量推进，中国文化的海外影响力不断扩大，传播主体渐趋多元，传播渠道持续拓宽，传播形式愈加灵活，然而本文通过文本分析和深度访谈法，对比中国文化在国际网络社会与现实社会层面的话语差异发现，社交媒体与民间社会在论及中国文化时存在言说主题、情感态度与认知取向的差异。以 Twitter、Reddit 为代表的数字社会用户倾向于关注政治类话题且负面内容居多，而民间社会情感态度相对正面但话题量较小。这个发现意味着，处于民间社会与网络社会的海外居民在情绪、态度上存在明显的差异。

之所以会有这种差异，原因很多。一是社交媒体平台用户与深度访谈对象不是同一群体，两个群体的媒介使用经验和生活体验不一样，造成对中国文化评价的差异。虽说不是同一群体，但也能窥见国外社会对中国文化认知的分裂。二是社交媒体更容易产生群体性效应，即有着类似观点的人更容易通过社交媒体聚集，而现实社会中，除了居民对中国文化的分享意愿没那么强，还在于他们沉浸于自己的日常生活。三是西方文明中心论惯性使然。进入 21 世纪，西方一贯“优越”的政治体制频现诸如金融市场危机、贫富差距扩大、民粹主义盛行等弊病。两相对比下不少西方政客和媒体不遗余力地发动舆论战，渲染“中国威胁论”和“中国崩溃论”，以达到孤立中国和维护国际话语霸权的目的。经年累月的污名化叙事造成了中国在国际网络空间中面临的严峻舆论态势，成为我国与各国对话交流、建设国际话语权的一大障碍，尤其在政治精英、大部分传统主流媒体中表现得尤为突出。而非网络社会的民间社会有不少认可中国制度、认可中国道路，出现赞扬的声音。中国在社会安全治理、金融危机应对以及三年抗疫实践等方面取得重大成效，赢得了西方社会的赞誉。不少西方受众看到这些成果的取得来源于中国制度的有力支撑，这是反华分子无法用意识形态化的偏见彻底抹去的显见成就。对于中国在经济发展、科学技术、社会治理和政治改革等方方面面取得的长足进步，世界人民看得到，这不是反华反共势力能够掩盖和遮蔽的。

网络社会和民间社会两个话语空间的认知裂缝如何减小或弥合呢？不同文化间的对话是一种理想的范式。在巴赫金看来，生活的本质即是“对话”，人类最基本的相互关系是一种对话关系。他提出“复调理论”对陀思妥耶夫斯基的文学作品作出评价，认为小说创作中的“多声部”现象相互冲突、相互对话形成了文本的开放性与多样性。[①]“复调思维”的矛盾性、对话性、开放性和未完成性恰好切合了当今世界的多元和边界模糊的状态，尤其在当今全球化的背景下，西方的话语霸权和中国的和平崛起引发的矛盾张力造成了国际网络空间和现实社会层面对中国形象的认知差异。然而两个话语场的长期分裂只会导致对话盲区不断扩大，意义沟通不断减少，只有寻求对话才能消解冲突。结合中国语境实现中西方文明的理性对话，或许可以从以下几个方面着手。

一是提升与海外社会的不同媒介平台、社会生活的互动水平，寻求不同文化的对话。中西文化交流碰撞就是“去情境化”和“再情境化”的过程。不管是“借船出海”，还是“媒体战”，中国文化对外传播需要不断沟通与对话。中国文化对外传播从传统技术到大数据、从纸质到数字化，这些媒介各有优势，对不同人群、场景有不同的适配空间。尽管不同文明有各自的传统习俗、人文精神和道德规范，但也存在普遍认同的价值理念，比如对美好生活的向往，对全人类共同价值的追求。

① 参见[俄]米哈伊尔·巴赫金：《陀思妥耶夫斯基诗学问题》，刘虎译，中央编译出版社 2010 年版，第 3 页。

二是从日常生活入手，加大中国优秀文化进入海外社会“公约数”。目前，政治、宗教等意识形态浓厚的方式或内容无法进入欧美的话语体系，那么从低意识形态的日常生活文化入手，传播中国人的生活方式，以软性文化率先进入欧美的日常生活。比如，加强中国饮食文化“走出去”。中国餐饮、食品企业和产品积极参与到中国文化出海中去，遵循质量标准、安全标准；建立食品专用海外仓，配备相应的食品追溯体系；积极参与国内各出访团队随行，组织对外品鉴会；融合中国名人、“洋网红”、自媒体达人的力量，以各种形式开展中国日常生活方式、日常文化传播。

三是适当在社交媒体上进行议程设置，提升话题总量，做好话题建设、舆情引导和文化增量。中华文化国际传播，经历了“媒介平台”甚至“平台革命”，数字平台已成为文化对外传播的渠道迁移。[①] 其中，社交媒体平台的作用不可忽略。因而我们在传播优秀文化的同时，还要顾及国外民众对中国文化信息的接受心理和模式。他们极易受到社交媒体中的超级话题(Super Topic)影响，比如 Reddit 平台上架设的关于中国文化各种冲突性的、负面的话语框架，很容易把对中国文化毫无储备的国外受众引入负面情绪。因此，要有针对性地在世界主流社交媒体平台进行布局，客观地呈现中华文化，做到中华文化在海外社交媒体的知识增量；适当进行议程设置，从话题生产上做到话题数量平衡，至少为国外民众提供更多信息，帮助其实现理性思考。

与此同时，要不断提升叙事能力，让世界理解中国。中国式现代化的实践探索给予我们丰富的叙事文本和多元的叙事手段，然而西方社会却难以接受和内化我们讲述的中国故事，这侧面印证转变叙事逻辑和提升叙事能力的必要性。郑永年、杨丽君认为，要适当通过“去中国

① 参见史安斌、童桐：《平台世界主义视域下的“第三文化人”：国际传播的一种协商视角》，《传媒观察》2022 年第 8 期。

化"来宣传中国，将中国论题置于世界论题之中来讨论。[1] 在叙事视角上，中国视野中的世界与世界格局中的中国存在差异，因此需要把握特殊性与一般性的关系，结合国际社会的共同追求和理解诉求，讲叙中国的文化，针对各国的文化表达观点，以创新融通中外的概念范畴和表述方式，构建具有共同价值基础、能被广泛接受的叙事逻辑。

本文也存在不足之处。一是本文所指的网络空间和民间社会两个概念，并不是对立的。因为民间社会并不排斥互联网，甚至说往往利用后者进行话语实践。本文所讨论的民间社会更侧重那些网络之外的社会生活空间。二是以 Twitter、Reddit 两个社交媒体的数据作为数据来源，可能会忽略其他平台的异质性，比如 YouTube 上某些栏目或内容（比如李子柒的短视频）的海外受众对中华文化认知较正面。未来研究可以从整体上对国外社会的传媒生态进行分析，从而提出有针对性的传播之道。

① 参见郑永年、杨丽君：《中国叙事——如何讲好中国故事》，中信出版社 2023 年版，第 221 页。

知识生产视角下的网络民族主义话语分析
——以强国论坛“中国制造”话题为例

刘国强　尹　佳*

【摘要】 伴随中国崛起与世界格局变化，网络民族主义近年成为引人注目的媒介景观。本文以中美贸易摩擦下的“中国制造”话语为个案，采用框架分析和批评话语分析方法，从知识生产的视角考察网络民族主义现象。研究发现，网络民族主义作为意义争夺的话语实践现象，在概念、意义、关系认知维度可延伸，构建新的社会现实；主要基于网络生态、情感、对话与多元叙事的知识生产逻辑不断呈现；非理性话语累积性嵌入历史，又以结构性力量影响着人们对历史和现实的想象与书写，潜藏着诱发新的网络民族主义的风险。

【关键词】 网络民族主义；中国制造；话语；知识生产

一、问题的提出

20世纪晚期以来，民族主义思潮和集群行为成为一种世界性的普遍现象。网络民族主义发端于民族主义，是网络时代情绪化表达的产物。该现象在中国仪式化出场的标志是1999年为抗议北约暴行而建

* 作者简介：刘国强，四川外国语大学新闻传播学院（重庆国际传播学院）教授、院长；尹佳，四川外国语大学新闻传播学院博士研究生。

立的论坛，即现在的强国论坛。[①] 2003 年，网络空间涌现大量针对中日关系的政治争论，网民们捍卫民族利益的行动从网络延伸至街头，引起政府、媒体及公众高度关注，这一年被称作网络民族主义发轫之年。[②] 其后对中国网络民族主义现象的研究逐渐成为国内外一个学术热点。国外研究偏向将网络民族主义视为民族主义在网络时代的一种新形态，国内研究主要以民族主义为衍生基准点动态定义其内涵，但总体认为网络民族主义与民族主义相异，并关注到二者之间的变革属性。王军曾提出网络民族主义是民族主义在网络中的反映，主要在传播和表达形式、影响力方面存在变化。[③] 卜建华则认为网络民族主义是网络与民族主义的有机结合，存在应激性且需结合特定语境把握。[④] 张梅花和王清从价值理性的角度阐释，网络民族主义区别于理性的爱国主义，是国人借助网络平台表达复杂民族主义情绪的社会现象，具有突发与瞬时反应特性。[⑤] 而情绪动员与非理性已被认为是网络民族主义的典型特征。[⑥] 对于该现象生成因素的分析，闵大洪提出具有现实政治摩擦、文化冲突与历史问题诱因。[⑦] 当前，网络民族主义伴随媒介技术变迁已历经精英、大众、社交媒体三个发展阶段[⑧]，学界也从新媒体技术影

① 参见卜建华、赵金亮：《当代中国网络民族主义探析》，《烟台大学学报》（哲学社会科学版）2009 年第 2 期。

② 参见韩轩：《网络民族主义发轫 百万签名递交日本驻华大使馆》，《国际先驱导报》2003 年 9 月 19 日。

③ 参见王军：《试析当代中国的网络民族主义》，《世界经济与政治》2006 年第 2 期。

④ 参见卜建华：《网络民族主义思潮对青年政治社会化的影响》，《中国青年政治学院学报》2010 年第 2 期。

⑤ 参见张梅花、王清：《以网络民族主义理性建构理性网络民族主义》，《贵州民族研究》2013 年第 3 期。

⑥ 参见郭小安、杨绍婷：《网络民族主义运动中的米姆式传播与共意动员》，《国际新闻界》2016 年第 11 期；张爱军、吉璇：《特性与功能：网络民族主义的变异及其治理》，《社会主义研究》2022 年第 3 期。

⑦ 参见闵大洪：《对中国网络民族主义的观察、分析——以中日、中韩关系为对象》，《中国网络传播研究》2009 年第 0 期。

⑧ 参见邹军：《媒介变迁视野中的网络民族主义：兴起、演进及反思》，《南京师大学报》（社会科学版）2021 年第 3 期。

响[①]、视觉话语建构[②]、情感游戏激励[③]等不同视角审视了网络民族主义的动员机制，并提出网络民族主义会对外交政策、社会意识形态、国家形象等产生影响。综上，网络民族主义作为一种社会现象，因公众关于民族生存利益的现实诉求而动态演绎；作为知识社会学意义层面的概念，网络民族主义始终以“民族主义”“网络”“情感”为核心话语进行意涵编织，已形成较稳定的意义框架，一定程度上也表现出持续性与潜伏性特点。

既有研究表明网络民族主义可从多维度把握，同时凸显以实践为表征的网络民族主义重塑社会现实并以新形式演绎的可能。大众媒介作为建构社会的重要手段，通过话语实现民族主义意识形态建构[④]；并在话语实践中完成对民族国家的时空想象和描画。这使我们看到媒介技术之于网络民族主义的支配影响，但这并不能使我们忽视个人或群体在媒介环境下的能动性。当前，“90 后”已成为网络民族主义的行动主体[⑤]，这一青年群体并非完全非理性的网络民族主义实践者，亦不会被动地完全接受与跟风网络空间中的非理性内容，新时代的青年已能参与到网络民族主义的重塑和开拓过程中。[⑥] 正是如此，网络民族主义展现出的集群兴奋与基于情感能量、集体记忆的行动，其实质是媒介信息环境下“个人自知”过渡到“集群协调”而不断调整的过程[⑦]，是不同主体合谋形塑社会现实直至共识暂时达成的话语实践。也有学者指出，

① 参见刘海龙：《像爱护爱豆一样爱国：新媒体与“粉丝民族主义”的诞生》，《现代传播（中国传媒大学学报）》2017 年第 4 期。
② 参见周逵、苗伟山：《竞争性的图像行动主义：中国网络民族主义的一种视觉传播视角》，《国际新闻界》2016 年第 11 期。
③ 参见王喆：《“今晚我们都是帝吧人”：作为情感化游戏的网络民族主义》，《国际新闻界》2016 年第 11 期。
④ 参见熊慧：《民族主义话语的媒介建构策略研究》，《厦门大学学报》（哲学社会科学版）2011 年第 4 期。
⑤ 参见王洪喆、李思闽、吴靖：《从“迷妹”到“小粉红”：新媒介商业文化环境下的国族身份生产和动员机制研究》，《国际新闻界》2016 年第 11 期。
⑥ 参见赵广平：《网络民族主义对大学生影响状况的调查与分析》，《中国青年研究》2009 年第 12 期。
⑦ 参见刘国强：《作为互动仪式的网络空间集体行动》，《国际新闻界》2016 年第 11 期。

网络民族主义是舆论的重要组成部分①，总伴随激烈的话语抗争②，可产生新的主流叙事，具有重塑现实的意义。按照“话语是制造与再造意义的社会化过程”③及“知识生产及作用是产生了社会变化”④的逻辑，网络民族主义则是暗含知识生产的话语实践。

“中国制造”是中国制造业及中国产品的代称，21 世纪以来，包括服装、生活用品、电子产品等各类中国制造业产品以其相对低廉的价格在世界范围内取得了突出的业绩，“中国制造”成为认知度极高的商业标签。“中国制造”在智能化发展过程中一直存在差异性甚至对立的意涵。它既关涉“模仿者”“低品质”“倾销”等负面意义，也包含“物美价廉”“国货崛起”“中国名片”等积极意义，且随着中国日益走近世界舞台中央，从“中国制造”到“中国智造”的概念转换和升级，“中国制造”也在获得不同的意涵和认同。其中西方国家始终对“中国制造”存在偏见，同时，它也涉及国际商业利益之争。一些西方国家曾针对中国鞋业品牌等出台过“反倾销”措施，以维护其自身商业利益，而在 2018 年 3 月 23 日特朗普签署备忘录，宣布将采取措施对中国产品加征关税，限制中国对美投资并购，从而引发中美贸易摩擦，在国内激发起维护“中国制造”的网络民族主义集群行为及话语实践，并一直延续到今天的支持民族产品的网络行动。中美贸易摩擦被认为是关涉民族情绪且持续时段较长的大型舆情事件，在此背景下，强国论坛呈现出不同主体关于“中国制造”话题的讨论，相关言论充分体现了网友维护国家利益和爱国情怀表达的正当性，但与此同时，也涉及许多情绪化表达和对民族身份和他者想象的再建构。可以说，它同时也是典型的网络民族主义案例。

① 参见邹军：《媒介变迁视野中的网络民族主义：兴起、演进及反思》，《南京师大学报》（社会科学版）2021 年第 3 期。

② 参见杨国斌：《连线力：中国网民在行动》，邓燕华译，广西师范大学出版社 2013 年版，第 36 页。

③ 参见[英]约翰·费斯克等编撰：《关键概念：传播与文化研究词典》，李彬译注，新华出版社 2004 年版，第 85—86 页。

④ 参见[德]卡尔·曼海姆：《意识形态与乌托邦》，黎鸣、李书崇译，商务印书馆 2000 年版，第 2—8 页。

基于此，本文主要以中美贸易摩擦期间强国论坛关于“中国制造”的话题讨论事件为例，并结合其后的网络讨论，探究该议题呈现出的网络民族主义话语逻辑。须提醒的一点是，笔者认为，关于“中国制造”的网络舆论，体现了民众日益提升的民族自豪感和爱国热情，也是在国际舆论斗争中主动发声的体现，有极大的积极意义。但本文主要聚焦于网络民族主义的表达视角，借助数据采集软件火车采集器（V9.13版），获取强国论坛中有关“中国制造”的话题讨论文本，旨在回答以下问题：

1.不同主体就“中国制造”话题生产了何种网络民族主义知识？

2.网络民族主义知识生产遵循何种逻辑？

3.按潜在规则生产的网络民族主义知识嵌入历史会有何影响？

二、研究方法

研究主要采用框架分析和批评话语分析方法。框架分析在传播学研究中涉及三个向度：从文本生产的角度研究框架建构，从内容的角度分析框架是什么，从效果的角度考察受众如何接收与处理文本信息。[①] 以梵·迪克为代表的批评话语分析特别关注社会知识问题及社会群体的观念、态度与表达如何影响其他成员。本文主要基于“中国制造”话题讨论文本探究网络民族主义知识生产类型、知识生产逻辑以及知识生产的影响。因而，本文主要对内容框架进行梳理，再综合考察文本和社会语境，以揭示互动文本隐含的意义、关系与权力。

（一）研究对象

本文的研究总体是中美贸易摩擦激烈时段（中美双方达成实质性第一阶段协议前）强国论坛中关于“中国制造”话题的讨论文本。基于样本可获得性考虑，最终研究对象确定为讨论文本的全部主帖内容，不

① 参见陈阳：《框架分析：一个亟待澄清的理论概念》，《国际新闻界》2007年第4期。

包括回帖。

文章以此为研究对象主要基于以下原因：一是强国论坛被视为网络民族主义思潮的发源地，也是当前国内具有较大社会影响力的民族主义网络论坛。二是网民在此论坛参与度较高，经常进行民族时事信息交流与意见互换，将其作为研究选取对象具有典型性。

“中国制造”是一种中国品牌认知符号，其本身隐含浓厚的民族认同情感，本文以中美贸易摩擦期间强国论坛对“中国制造”的热议为案例，考察其民族主义话语包含的知识生产逻辑。

（二）数据获取

以“中国制造”为关键词在人民网的强国社区进行高级搜索，设定帖文标题需包含“中国制造”，限定论坛为“强国论坛”，并将时间局限为2018年3月22日至2019年10月8日，再通过火车采集器获取所有主帖帖文、发布者、时间，共获有效帖文数据895条，共计30771字。为提高所选样本的信度与相关性，以帖文是否包含“贸易摩擦”或“‘中国’与‘美国’”为数据筛选标准，即以与中美贸易摩擦的相关度进行提纯，最终得到199条样本数据。

（三）类目建构

为有效梳理研究数据，根据既有知识生产文献指引以及文本语义特征，在阅读过程中设置如下类目：

1.知识来源。包括官方、媒体、专家、专业人士、公众。

2.知识类型。包括事实型知识、观念型知识。

A.事实型知识，指不掺杂个人情感，仅描述事实的非判断内容。

B.观念型知识，指互动者融入情感的个人判断与解释。

3.情感倾向。包括理性、中立、感性。

A.理性情感，指对事实客观且全面地论证，无明显的情感倾向。

B.中立情感，指只做事实陈述的中立态度，表述中无明显情感色彩夹杂。

C.感性情感，指在事实描述的基础上表达出个人喜忧与悲怒等个人态度。

4.话语框架。包括进步框架、属性框架、期望框架、依赖框架、认同框架、贡献框架、风险框架、冲突框架、战争框架。

A.进步框架，描述“中国制造”升级改变。

B.属性框架，描述“中国制造”修饰层级。

C.期望框架，描述“中国制造”未来走向。

D.依赖框架，描述“中国制造”受依赖。

E.认同框架，描述“中国制造”获认可。

F.贡献框架，描述“中国制造”的国际贡献。

G.风险框架，描述“中国制造”的潜在威胁。

H.冲突框架，描述“中国制造”引发矛盾。

I.战争框架，描述“中国制造”升级争端。

为确保研究类目可信度，特邀请另一位同事共同担任编码员，彼此独立地划分样本，通过相互同意度和信度检验公式测量，结果显示总体信度为 0.974，编码符合标准。

三、研究分析与发现

(一)网络民族主义实践导向社会知识生产

社会知识强调知识的公共属性，当实践中产生的新知识通过传播被接受，知识则由私人转变为公共。[①] 对于社会知识如何表述与建构这一问题，福柯认为知识由话语所提供的使用与适应可能得以确认。[②] 显

① 参见刘海龙:《作为知识的传播:传播研究的知识之维刍议》,《现代出版》2020 年第 4 期。

② Michel Foucault, *The Archeology of Knowledge*, London: Tavistock Publications, 2002, p.202.

然，理解网络民族主义知识问题需以具体话语表达为基础。中美贸易摩擦期间，由“中国制造”话题引起的网络民族主义话语实践涉及事实的陈述与自我情感的宣泄，可从宏观层面将其区分为事实型和观念型知识。媒体与网民作为这场公共讨论的直接参与者，特定领域的专家、企业家等专业人士和政府机构等官方权威则以话语引证的形式间接参与其中。通过数据分析发现，不同主体在互动中倾向于情绪化表达，呈现出较多“观念型知识”(179 条，89.95%)。

以观念型知识为主的网络民族主义又表现为何种具体的社会知识？观念受制于特定框架且是特定话语运作的结果[①]，话语生成往往以框架为“语境元语言”[②]。因而，集群的话语实践表现为在一定框架下进行的多维话语叙事，审视网络民族主义产生的社会知识还需探讨话语框架及叙事模式。甘姆森曾提出“诠释包裹”[③]理论，认为文本均存在核心叙事框架，其中框架装置表现为隐喻、关键短语、特殊描述等系列象征符号。框架作为信息符号诠释规则[④]，已具有定义、知识、情感和价值四种元框架[⑤]。本文在参考既有框架分类和框架理论的基础上，结合“中国制造”话题讨论文本自身特征，主要将其归类为 9 种话语框架，研究发现，由“中国制造”引起的网络民族主义话语实践主要采用冲突框架，占比达 36.68%，如表 1 所示。此外，不同文本存在一定的叙事向度，总体可归纳为以下 6 类：(1)描述“中国制造”过去属性与发展状态的历史记忆叙事；(2)阐释“中国制造”未来发展规划的未来憧憬叙事；(3)描述“中国制造”发展现状与产品质量的现实成就叙事；(4)阐述中美冲突的国际争端叙事；(5)围绕国家和民族共同体成员关系进行阐述

① 参见刘涛：《PM2.5、知识生产与意指概念的阶层性批判：通往观念史研究的一种修辞学方法路径》，《国际新闻界》2017 年第 6 期。

② 刘涛：《环境公共事件的符号再造与修辞实践——基于兰州自来水污染事件的符号学分析》，《新闻大学》2014 年第 6 期。

③ Garrison W. A., “The 1987 Distinguished Lecture: A Constructionist Approach to Mass Media and Public Opinion”, *Symbolic Interaction*, vol. 11, no. 2 (1998), pp.161-174.

④ Gregory Bateson, *Steps to an Ecology of Mind*, New York: Ballantine, 1972, pp.267-296.

⑤ 参见刘涛：《元框架：话语实践中的修辞发明与争议宣认》，《新闻大学》2017 年第 2 期。

的共同体想象叙事；(6)反映他国官方、媒体或个体以中国为对象进行阐释的他者想象叙事。不同话语框架对话语资源均呈现差异性，如表2所示，每一种框架都综合使用多种叙事资源，但某些框架总偏向特定的叙事模式。通过百分比分析差异可知，其中冲突框架选择国际争端叙事的比例高达76.71%，明显高于平均水平。存在偏向叙事的网络民族主义话语实践，即反映出集群对事物特定的理解方式，容易以往复挪用某些叙事资源的形式强化集群的特定认知框架，进而在社会知识生产层面体现为扩展概念叙事范畴与构建稳定的国族认知关系。

表1　强国论坛中"中国制造"的话语表述框架

话语框架	叙事特征与示例	占比
进步框架	呈现智造、崛起、升级、成绩斐然等词义 "美国不愿看到自身被中国超越，而以华为为代表的中国制造近年来坚持创新成绩斐然，对美国制造形成了强有力的竞争压力"	3.02%
属性框架	呈现物美价廉、世贸强项、低端伪劣等词义 "中国制造在世界市场上早已经赢得了物美价廉的口碑，美国的种种讹诈的手段在中国实打实的反击措施面前根本就是纸老虎"	13.57%
期望框架	呈现重塑、出路、深化完善等词义 "打破美国贸易政策的唯一出路，就是把中国制造做得更好"	4.02%
依赖框架	呈现依赖、离不开、占据主流等词义 "俄媒文章：美国人对'中国制造'有依赖"	16.58%
认同框架	呈现好评、不可替代等词义 "美国企业代表称'中国制造'不可替代"	6.53%
贡献框架	呈现帮助、出力、受益于等词义 "许多美国企业都受益于中国制造或中国出口"	4.52%
风险框架	呈现尖刀、洪水猛兽等词义 "美国把中国制造视为洪水猛兽"	10.55%

续表

话语框架	叙事特征与示例	占比
冲突框架	呈现压制、斗争、打击、扰乱、麻烦等词义 “美国会不断扰乱中国金融打击中国制造，一步一步要求中国开放金融和商品市场。这是个长期计划，哪个总统上台都一样”	36.68%
战争框架	呈现狙杀、剑指、矛头等词义 “美国现行贸易政策的真正目标：狙杀‘中国制造 2025’”	4.52%

表 2　强国论坛中“中国制造”的话语框架与叙事资源对应关系

叙事资源	话语框架									总计
	进步框架	属性框架	期望框架	依赖框架	认同框架	贡献框架	风险框架	冲突框架	战争框架	
历史记忆叙事	1 (16.67%)	2 (7.41%)	0 (0.00%)	0 (0.00%)	1 (7.69%)	0 (0.00%)	1 (4.76%)	1 (1.37%)	0 (0.00%)	6 (3.02%)
现实成就叙事	4 (66.67%)	14 (51.85%)	2 (25.00%)	12 (36.36%)	5 (38.46%)	4 (44.44%)	2 (9.52%)	2 (2.74%)	0 (0.00%)	45 (22.61%)
未来憧憬叙事	0 (0.00%)	2 (7.41%)	6 (75.00%)	0 (0.00%)	0 (0.00%)	0 (0.00%)	0 (0.00%)	0 (0.00%)	0 (0.00%)	8 (4.02%)
国际争端叙事	1 (16.67%)	4 (14.81%)	0 (0.00%)	5 (15.15%)	3 (23.08%)	3 (33.33%)	9 (42.86%)	56 (76.71%)	7 (77.78%)	88 (44.22%)
共同体想象叙事	0 (0.00%)	1 (3.70%)	0 (0.00%)	0 (0.00%)	0 (0.00%)	1 (11.11%)	1 (4.76%)	2 (2.74%)	0 (0.00%)	5 (2.51%)
他者想象叙事	0 (0.00%)	4 (14.81%)	0 (0.00%)	16 (48.48%)	4 (30.77%)	1 (11.11%)	8 (38.10%)	12 (16.44%)	2 (22.22%)	47 (23.62%)
总计	6	27	8	33	13	9	21	73	9	199

1.延伸概念指认范畴与意义

“中国制造”的讨论是不同主体观念交锋的话语实践过程，“胜出”的“解释框架”因话语隐含的权力性质往往固化为集群共享的意义，从而可抵抗其他观念知识。研究发现，“中国制造”的话题讨论文本中关于概念维度的叙事主要体现出进步、属性、期望三种积极框架，且偏向使用现实成就叙事（66.67%）与未来憧憬叙事（75.00%）描述“中国制造”，如表2所示。框架表征为倾向性的认知，当“中国制造”被接合到上述进步框架中，话语实践者在互动过程中往往会在此类框架下编织与引述更多积极叙事。讨论中“由中国制造到中国智造”的表述，便反映出话语实践者强调“中国制造”从过去到现在的升级改变，而“物美价廉”“世贸强项”“成绩斐然”等称赞现实成就的话语，与讨论中的“世界加工厂”等历史负面言论形成抗争，进一步体现出话语实践者对“中国制造”智能、优质的意义争夺。随着讨论深入，集群的互动不仅涉及产品质量问题，还延伸至与之关联的国族层面的科学技术、制造产业等宏观问题域。例如，@从国情出发（2018年4月9日）认为：“中美出现贸易摩擦……跨国巨头配合美国贸易政策，试图绞杀中国新兴科技产业，狙击中国制造2025的实现。”由此，网络民族主义这一社会化概念的指认范围也伴随讨论的升级而扩张，并非局限于“中国制造”本体的争论，而是能够概述集群在特定框架下基于国族利益维护的从“物”到“范畴”的话语争论。面对中美贸易摩擦困境，部分话语实践者还表现出从期望框架的角度进行未来憧憬叙事，期待“中国制造”做得更好，能够“面向世界，自力更生”。此类积极的叙事话语不仅凸显网络民族主义概念涵盖实践者维护国族利益、认同现实民族境况的意义，同时赋予网络民族主义概念一种集群希望国族作出改变的行动期待。

2.构建“自我—他者”对立关系

定义关系作为一种观念反映，又以语言形式被记录，其实践过程即是知识生产的过程。“中国制造”概念涉及地方、物质实体以及共同体想象，不同主体于中美贸易摩擦期间在强国论坛围绕“中国制造”展开讨论，其实质是围绕国家作为“物”以建构认同、塑造共同体、区隔“他者”的社会实践。“他者”和“自我”相对，用以描述主体以外的人或事物，二者构成对立关系又相互依存。在“中国制造”话题讨论文本中，美国被定义为对立面的“他者”，集群主要在依赖框架、认同框架、贡献框架、风险框架、冲突框架、战争框架下展开中美关系讨论，其中冲突框架成为主要认知框架，如表1所示。根据表2发现，部分话语实践者在贡献框架、认同框架下均倾向于现实成就叙事，在互动中通过“受益于”“不可替代”等词语阐释“中国制造”之于美国的贡献、被接受度；在依赖框架下倾向于他者想象叙事，认为“每个美国家庭都离不开中国制造”，并引述俄媒文章中的语句“美国人对‘中国制造’有依赖”，试图通过第三方的话语证实美国依赖中国。结合美国引发贸易摩擦的社会现实，集群的话语表达出美国作为受益对象的“他者”发起争端的非正义性与不合理性。风险框架（42.86％）、冲突框架（76.71％）、战争框架（77.78％）下的话语主要以国际争端叙事展开，部分话语实践者认为美国把“中国制造”视为“洪水猛兽”，意在“狙杀‘中国制造2025’”，其中动物隐喻的手法突出中美之间的问题鸿沟，而“狙杀”等战争隐喻修辞与及物动词使用，则将中美之间的问题激化，强化中美贸易摩擦之间的“被动者”与“施动者”关系，进一步塑造出中美“自我—他者”的对立关系，这在情感表达上可提升民族自我认同，但同时也刺激更为激进的表达，促使话语实践者呼吁“中断与美国的贸易”“让其筋痛骨折”“美国人不想让我们强大，他们怕什么我们就坚持什么”。如何恰当地把握这类表达的分寸，成为值得商榷的问题。一些网友的表达过于激进，并不利于国际关系发展，反而可能为西方渲染“中国威胁论”增加口实。

(二)网络民族主义知识生产逻辑

1.开放的知识生产场域提供生态基础

网络民族主义知识生产以话语互动为基础,开放的空间平台则为其提供基本语境和规则。梵·迪克认为语境并非客观社会情境,包含场景、参与者、互动及其他行为。① 强国论坛作为早期向民众开放的时政论坛,承载着网民关乎国族的互动叙事话语和情感,构成集群话语实践的基本语境,自然容易吸引个人或群体参与诂语互动。媒介技术发展赋予大众与精英阶层共同表达、随时进退场的机会,让居于不同立场的主体得以超越时空限制而进行对话,网络平台已是网络民族主义话语实践的核心场域,其开放与匿名机制促使民众情绪化表达,这成为诱发网络民族主义的潜在因素。在中美贸易摩擦期间,地方频道等媒体与公众汇聚于强国论坛,围绕"中国制造"话题直接展开讨论,美国《洛杉矶时报》、美国企业代表、银河证券首席经济学家、中国驻美大使等通过话语被引的形式间接参与,多元主体通过互动所凸显的国族利益维护与共同体意识,使得网络空间的激烈话语抗争逐渐演变为现实生活中的部分美国商品消费遭抵制,不断升级和延伸网络民族主义话语实践激烈程度与空间。这让我们看到,网络民族主义的知识生产场域并不局限于单一媒介平台,而是由不同主体围绕共同关注的民族利益话题或平台所形成的话语圈,其超越具体位置的场所,是布尔迪厄所述的各种位置之间存在的客观关系的一种网络或构型②,主体之间夹杂直接与间接互动,一个平台的话语争论往往扩展至网络空间其他处,甚至演变成线下具体行为。话语涉及言语与行动,福柯从言语的维度提出,表述存在并弥散于一定表达领域,而此领域又可能使其与过去和未来产

① Van Dijk T. A., *Discourse and Power*, New York: Palgrave Macmillan, 2008, pp.240-242.
② 参见[法]皮埃尔·布迪厄、[美]华康德:《实践与反思——反思社会学导引》,李猛、李康译,中央编译出版社 1998 年版,第 133—134 页。

生联系。[①] 在当前的数字网络环境下，福柯关于话语的这一论述得到明显印证，话语彼此关联与制约正是网络空间话语生产及知识演化的一种潜在规则。数字技术赋权话语以“0-1”数字化形式存储于网络空间，话语在此背景下可被即时检索、复制传播与碎片化重组，强化一种表述和某一知识领域的关联与牵制，同时促使个人话语加速公共传播与被接受，形成共识与同质解释框架，为网络民族主义话语扩展与升级提供支持。强国论坛关于“中国制造”的话题讨论，相关叙事就在 9 种话语框架下展开，既涉及对他人或媒体表述的重组，也存在对“鸦片战争”“美国国防部 2014 年多次允许使用中国制造的组件”等往事的回顾。这些历史与现实关联的文本因网络的“不被遗忘”特征而存储，持续累积的互动话语或将影响后续话语实践者的认知观念，亦可能成为未来网络民族主义实践的资源。

2.情感化的知识生产机制促进集群动员

情感聚集离散的个体并驱动共同体话语实践，这构成网络民族主义知识生产的直接动因。强国论坛前身是为抗议北约暴行而建立的 BBS 论坛，具有明显的民族主义情感色彩与“地方感”，持续吸引着网民来此参与话语实践。中美贸易摩擦发生，离散的个体汇聚于此平台，围绕“中国制造”就中美问题展开话语抗争，形成一种仪式性的对话。“中国制造”作为象征中国的符号与互动对话的焦点，本身带有民族主义情感，同时引起集群的国族情感裹挟个人爱恨情仇融合出现。相互的关注点与共享情感状态维系互动仪式，激发集体兴奋并产生情感能量[②]，由此又吸引更多人参与互动。当个人情感体验通过集群互动向情感能量转化，情感则开始发挥社会属性，产生共享的意义，形成统一的观念，

① Michel Foucault, *The Archaeology of Knowledge*, London: Tavistock Publications, 1972, p.99.

② 参见[美]兰德尔·柯林斯:《互动仪式链》，林聚任译，商务印书馆 2012 年版，第 78—82 页。

推动群体团结和共识认知标准确立。[1] 在这种情感效应下，集群从维护产品优质形象的个性化叙事更容易演变为关乎国际关系的敌视与批判，扩展话题的范畴，加剧问题的严重性。如：

> 顶起来！这远远不够！中国停止一切与美国的贸易，美国会在极短的时间里大乱！因为，美国人大多数都是在用廉价的中国制造！（@Sars，2018 年 4 月 5 日）
>
> 近年来美国频繁地给中国制造麻烦，给中国添堵添乱。对美国不友好的行动，中国政府必须予以回敬，必要时让其筋痛骨折也不失是个方法。（@乐达先生，2019 年 3 月 27 日）

此外，互动中“我们”“全中国人”等系列符号多次出现，有助于强化集群“想象的共同体”意识与责任担当，从而促进群体内部团结与一致对外集体意识形成；实践者通过“恶丑”“强盗行征”等符号唤起集群的宣泄与排外情绪，相关情感话语经传播与被接受促使集群对中美关系形成“自我—他者”的稳定认知。由此，集群在情感共鸣状态下容易生产出更多讨伐“他者”的词汇、语句，甚至呈现“肢解或大乱”“丧命”等非理性表达。情感在词汇、语言、规则方面存在惯习[2]，情感话语往往通过互动潜移默化地培养集群的偏见认知与特定表达方式，这也为网络民族主义集体话语再实践埋藏动因。

3.对话的知识生产模式增加实践需求

网络民族主义现象是流动集群的情感话语实践，对话是实践持续与知识生产的重要条件。网络民族主义知识生产主体由流动的集群构成，当新入场的个人的话语异于集群而维护“中国制造”正面形象与国族利益的共识时，会因意义生产的不对等导致互斥性对话，彼此的话语

① 参见周宣辰、程倩：《情感与互动仪式：网络空间铸牢中华民族共同体意识探析》，《云南民族大学学报》（哲学社会科学版）2022 年第 4 期。

② 参见袁光锋：《迈向“实践”的理论路径：理解公共舆论中的情感表达》，《国际新闻界》2021 年第 6 期。

实践将为达成新的共识而持续进行。不同主体在情感维系下围绕共同关注的话题展开叙事,不仅涉及个人与集群的话语融合,亦存在现实表述对历史话语的重新阐释,以及"自我"与"他者"的抗辩。各种对话意在通过协商形成共识,抑或修正某种解释,实现话语的合法性与意义争夺。而主体为达成以上目的总倾向采取一定对话策略,以引用或重组文本等形式构建新话语秩序。这种文本的关联被朱莉娅·克里斯蒂称为"互文性",是一个文本与其他文本的交互、综合。① 为具象化不同互文性的差异与功能,费尔克拉夫将其区分为"明确的互文性"和"构建的互文性"②,分别指其他文本以带引文等标识的形式被应用到一个文本中,一个文本以嵌入或重新组合的形式构成另一文本。研究发现,集群在构建"中国制造"当下优质形象且对美国不可或缺的对话中,两种互文形式均存在。实践者以构建性的互文形式嵌入"以往被美国等世界强国公认为'世界加工厂'"的话语,试图表达"中国制造"不被看好的形象仅是"他者"的观念且存在于过去,但构建性互文因缺失引号等标记符号难以展现新文本与被引用文本之间的界线,负面话语意义属于实践者自身还是实践者假借世界强国进行表达并不明,意义模糊指向进一步增加声讨与对话。互文的形式让"自我"与"他者"、历史与现实的对话成为可能,实践者可以通过否定"他者"历史性负面话语,确认"自我"关于"中国制造"当下优质形象叙事的合理性,从而带动集群在进步框架、属性框架下展开更多积极叙事,完成对历史观念的修正和现实话语的延伸。对话的目的性为话语实践提供动力,其中的互文性则扩展了网络民族主义叙事范畴以及对意义的关注和再生产。

4.多元叙事的知识生产资源维系意义抗争

多元叙事作为话语实践向度与资源体系,维系着网络民族主义知

① Julia Kristeva, "Word, Dialogue and Novel", in Toril Moi ed., *The Kristeva Reader*, Oxford: Blackwell Publishers Ltd, 1986, p. 37.

② 参见[英]诺曼·费尔克拉夫:《话语与社会变迁》,殷晓蓉译,华夏出版社 2003 年版,第 95 页。

识在历史和现实的双重维度动态演绎。数字技术重构网络空间话语表达与信息存储方式,多元主体可共同参与讨论,文本书写、重组、传播更加便利且"不被遗忘",这些特质造就伴随互联网兴起的网络民族主义的叙事以多维度呈现。从叙事话语体系审视"中国制造"引发的网络民族主义,中美贸易摩擦这一现实冲突是直接导火索,中国产品质量升级与技术进步的现状促使集群在进步、期望等框架下展开现实成就、未来憧憬等积极叙事,如:

> 美国不愿看到自身被中国超越,而以华为为代表的中国制造近年来坚持创新成绩斐然,对美国制造形成了强有力的竞争压力。(@Wuko,2019 年 1 月 31 日)
>
> 一味地妥协让步只会令美国变本加厉。补齐短板,立足国内,面向世界。自力更生,由中国制造到中国智造,撸起袖子加油干!(@黑土地一介书生,2018 年 4 月 20 日)

话语实践者们从正面角度对国族利益的维护,恰与部分实践者从风险、冲突、战争等框架下围绕国际争端、他者想象等叙事形成意义协同或对抗。如:

> 中美出现贸易摩擦,上到庙堂,下到企业,没有谁可以置身事外。跨国巨头配合美国贸易政策,试图绞杀中国新兴科技产业,狙击中国制造 2025 的实现。(@从国情出发,2018 年 4 月 9 日)
>
> 特朗普视中国制造为洪水猛兽,却无法避免白宫南草坪美国制造产品展示会上出现中国制造的勺子。(@ppppp,2018 年 7 月 31 日)

共同体想象叙事以"我们""全中国人"等为表征,容易加深国族认同并升级集群对"他者"的话语讨伐。而历史记忆叙事作为网络民族主义实践者常采取的话语策略,往往以互文的形式再现过去,如:

以往被美国等世界强国公认为"世界加工厂"的美名已经失去了往日的本色和辉煌,现已经被"中国制造"所笼罩和颠覆。(@Wuko,2019年4月5日)

网民援引美国等西方国家过去对"中国制造"的评价,但过去已非客观再现,而是在当下的基础上被重新建构①,主要服务于话语实践者消解此类历史陈旧观念或"他者"负面话语的叙事目的。网络民族主义是意义争夺的话语实践现象,不同的叙事为实践者铺设在一定话语框架下编织"故事"的路径,表现为对当下各种叙事的抗辩或认同,亦存在对历史话语意义的重构,从而形成新的知识和集体记忆。当这些阶段性的叙事因网络的记录特性嵌入历史结构,历史叙事形成的稳定认知框架与记忆将指导新的话语实践,也作为资源进入意义抗争序列。而一些非理性的话语与观念则潜藏诱发网络民族主义的风险,使得网络民族主义在历史与现实维度以意义抗争的形式不断演绎。

(三)网络民族主义的权力展现与结构性影响

从知识的可生产性出发,网络民族主义即是各种话语进行权力博弈的现象,互动所产生的叙事话语以结构性力量影响着人们对历史和现实的想象、书写。知识伴随话语认同、抗辩的实践过程产生,同时受到后续实践的挑战。根据福柯对话语、知识与权力的综合考究,分析知识的形成离不开对权力的探讨,权力是多种多样的力量关系,存在于各种不平等和变动的关系中,彼此相互扶持形成系统,抑或相反滋生矛盾。② 以此来看,权力维系存在于一定的话语关系圈,综合表现为话语合法化的策略,抑或对实践者认知与行为层面的影响。网络民族主义概念本意味着一种知识赋权,指引人们去确认由不同事件引发的网络民族主义现象并看待国际交往关系;而概念、意义、关系认知等维度因

① 参见[法]莫里斯·哈布瓦赫:《论集体记忆》,毕然、郭金华译,上海人民出版社2002年版,第71页。

② 参见[法]米歇尔·福柯:《性经验史》,佘碧平译,上海人民出版社2002年版,第68—70页。

话语实践具有延伸的可能，其中的话语表达与意义争夺无不体现着权力。中美贸易摩擦作为宏观社会因素，促使不同主体基于自身认知与立场在强国论坛围绕“中国制造”就产品形象、中美关系进行叙事，折射出现实冲突、社会思潮与空间生态首先作为一种隐性权力，驱动个人与群体的认知、情感与行为，控制一个话题在一定叙事向度内被讨论。对话的持续出于对产品质量形象、摩擦责任归属、两国贸易走向的追问与民族利益维护，各主体在此互动进程中的异质叙事造就话语权力的分野，“胜出”的话语与“解释框架”成为权威知识，塑造个人或集群的观念，指导实践者生产更多同质叙事话语并成为实现话语合法化的有效策略，也被用以劝服、驳斥他人话语以及修正历史话语，情感支持、叙事向度、话语资源、互文策略则综合构成上述权力实现的基础。权力因人的能动性无处不在，其建构功能体现在历史与现实的整个交错进程，资源便构成权力实施的媒介。[①] 当过往网络民族主义现象产生的偏激观念、情感、叙事等以“记忆”的形式嵌入历史，这些累积的资源往往以“前理解”影响个人或群体对历史的想象和社会现实的认识，从而导致日常非理性认知与实践，在现实冲突的刺激下诱发新的网络民族主义现象。

四、结语

总体来看，在世界格局复杂化背景下重思网络民族主义非理性话语实践具有一定意义。当前，国际舆论环境日趋复杂，舆论斗争也更趋尖锐，在这一背景下，网络民族主义话语的正当性也更应予以肯定。但我们仍应把握其话语逻辑，并予以引导。网络民族主义具有可再生性，并非突发与瞬时的集群实践现象，其存在历史诱因和话语—权力结构

① 参见[英]安东尼·吉登斯：《社会的构成》，李康、李猛译，生活·读书·新知三联书店 1998 年版，第 80 页。

问题，相关知识的生产反映了社会意识形态的变迁。知识在话语实践中产生并通过实践得以修正，沉淀下来的话语又可成为后续行动的指导知识，使得每一次网络民族主义实践在国族情感框架下表现为理性与非理性社会观念的博弈与再平衡，在历史资源的助推下愈演愈烈，这也启示我们在国际舆论场的斗争中应注意把握其尺度。从知识生产的视角考察网络空间非理性话语表达这一传播问题，可为话语和知识的相关研究提供新的理解，也对反思网络民族主义的非理性话语表达、预防激进的网络集群行为提出警醒。但个案与有限的样本数据仅能从局部反映网络民族主义中存在的知识结构问题，如何更全面地阐释该现象背后的生产逻辑，还需要深入探究。

教育研究

国际中文教育的发展问题*

卢德平**

【摘要】 国际中文教育虽有事业红利，但也有发展难题。学科队伍的多元化专业构成与语言教学以及学科发展方向之间存在着深刻的张力。国际中文教育需要从这种张力之中找到突破点。“内外结合”“跨学科穿透”“特殊点发力”“错位发展”是破解问题的关键。就国际中文教育发展规律而言，需要重点讨论以下问题：以人才思维探讨国内硕博生的成长问题；国际中文教育肩负着行使“教育主权”的重任，“教育主权”和实际教学的关系，既是学术问题，也是政策问题；各种体裁的作品用于国际中文教育教材，流通语境发生了变化，教材文本结构与教育功能之间的关系急需研究。

【关键词】 国际中文教育；教育主权；教师队伍；人才培养；教材

一、学科迁移

国际中文教育，国内和国外有别。就国内情况而言，事业性高，参与人员多，但也面临不少困难，其中主要是学科发展问题。按学科规划，国际中文教育属教育学下的二级学科，可以招收“专博”，培养师资。学科设置决定了教师发展的口径。没有博士点，教师就面临职业生涯发展的难题，存在向其他学科迁移学术研究的风险。学术迁移对国际

* 本文系教育部人文社科重点研究基地重大项目“汉语国际传播的理论重构和政策优化”（项目批准号：16JJD740005）阶段性成果。本文涉及的部分学术问题曾在作者的授课、会议发言、讲座、研究指导中论述、讨论过，成稿主要基于作者的发言记录，由肖菁菁、张小雅、梁昱、关以宁、陈纪宁同学协助记录和整理，特此感谢。

** 作者简介：卢德平，北京语言大学语言学系教授、博士生导师，研究方向为语言哲学、社会语言学、国际中文教育理论。

中文教育学科发展不利。一些学校把国际中文教育设在一级学科中国语言文学下面,教师的科研工作就必须往中国语言文学迁移,但迁移之后又缺乏比较优势。中国语言文学下属二级学科包括汉语言文字学、理论语言学、应用语言学、文艺学,还包括中国古代文学、中国现当代文学、中国少数民族语言文学等。这些学科,国际中文教师有些擅长,有些不擅长。即使是研究这些专业出身的教师,也面临着和国际中文教育深度结合的问题。他们必须针对国际中文教育的难题来开展教学和研究。至于非中国语言文学专业出身的教师,学术适应难度更大。因此,国际中文教师一方面面临着向其他一级学科迁移的困难,另一方面又存在适应国际中文教育学科要求的困难。比方说,历史专业教师在中国语言文学方面就很难呈现优势。为了冲破瓶颈,要指导教育完整序列的学生,在专业研究上就需要往中国语言文学迁移。文史哲之间固然有通约,但对于长期钻研自己专业的教师,这样的迁移并非易事。即使专业研究迁移过去,也获得一些评价,但距离掌握话语权、赢得学术主动还有不小的距离。

庆幸的是,目前可以在一级学科教育学下面设国际中文教育二级学科。一般来讲,师范学校才有教育学。针对这一情况,目前也开通了一些"快车道",即综合性大学也可以申办国际中文教育"专博"。有了"专博",教师无须向其他学科迁移,在自己的专业学科就能招收博士,建立团队,培养人才。这对于拉动教师成长有很大的意义。

这是学科发展的格局。学科规划是一种制度设计,定下一盘棋,构建一个框架,国际中文教育才能得以运行。事实上,科研教学活动不能脱离这一框架。教育投入与学科设计配套。不是独立的学科,不仅在科研评价方面处于弱势,连资源分配都失去了竞争力。这关系到教师队伍的稳定性。研究国际中文教育问题,既包括本科生教育,也包括研究生指导,这些都需要放在制度框架下讨论。尊重制度设计,谋求学科发展，对国际中文教师提出了更高的要求。

就部分后发院校而言，学科的建设和发展需要突出内外结合、跨学科穿透、特殊点发力、错位发展等关键方面，需要落实到教学活动、教学过程。国际中文教育学科的发展需要转变为教师和学生的发展，形成"人学"效应。"内外结合"是指海外中文教学和国内留学生教学要统筹研究，分析异同，总结规律。"跨学科穿透"主要是指目前国际中文教师学科背景多元化，需要针对语言教学、文化传播等问题从不同学科聚焦探索。"特殊点发力"是指要找准长项，突出资源，创新产出，形成专业特色亮点。"错位发展"是指要分析国际中文教育学科发展布局，找准薄弱环节，刻苦攻关，实现特色价值。

二、应对挑战

学科研究需要探索相关规律，将研究成果转化为教材，转化为实践，教学活动才有准则可以遵循。关键是要推动学科的发展。目前的主要困难有两点。第一点是教师队伍学科构成非常复杂，聚焦语言教学研究存在不少困难。第二点是学科科研水平偏低。这些困难是国际中文教育学科发展面临的普遍问题。

对于国际中文教育而言，基本的教学活动和内容还是语言教学。教外国人学汉语需要从拼音开始，认字、造句、对话，各种教学要素都不能缺。语言教学探索，需要具备语言学学科的基本知识，需要掌握和运用相关方法、技能，否则很难研究出语言教学活动的规律。非语言学专业的教师可以给外国留学生上课，但探索专业的语言教学规律就很困难。国际中文教师在专业构成上囊括了财务、历史、法律、艺术等，专业门类复杂，要研究语言教学活动，满足国际中文教育的学科要求，存在不少障碍。

同时，国际中文教育课时量大，教师若不能将教学内容转化为研究数据，那么教学和科研易处于脱节状态。然而教师一方面承担着高强度的教学任务，另一方面还要专心致志从事学术研究，时间和精力难以保证。另外，和国际中文教育专业脱节太大的教师，在专业研究上又很难获得组织资源的支持。比如，历史专业的教师若是加盟历史学院更易获得发表平台、专业网络、研究课题，但若在国际中文教育领域工作和研究，容易脱离历史学术圈，专业研究很难做好，也很难持续。脱离了专业学术圈，就很难判断其所研究问题的性质和价值。而在国际中文教育领域工作，单纯利用业余时间参与原来所学专业的学术活动，总的来讲时间和资源都很单薄。于是就出现了诸多问题：原先的专业研究无法获得组织的支持，相关产出在国际中文教育领域很难获得评价。不研究国际中文教育问题，就无法申请相关课题，很难组建学术团队。招收的研究生是国际中文教育专业的，有业绩评比、论文评审方面的学科指向要求，无法吸收其参与原先的专业研究，就产生科研指导的困难。

考虑到教师队伍复杂的专业出身，首先要讨论的就是和语言教学相结合的问题。[①] 如何研究语言教学活动？语言教学里有文化教学内容，在海外教学中还涉及教师本土化的问题，但三教（包括教师问题、教材问题，以及教学法、教学活动、教学过程等方面）是核心。所有这些教学内容都涉及语言这个载体。不同专业背景出身的教师可以采取一些办法补救。有的教师专业是语言学，可以和其他专业背景的教师合作，从跨学科角度探索国际中文教学传播中国文化的方式、功能、价值。学法律的教师，可以在教学过程中解答法律问题，为外国留学生提供法律援助。还可以结合留学生的话语材料分析法律语言学问题。学历史的教师，若遇到涉及国际中文教育的文化传播问题，可以和语言专业的教师合作，从语言教学找到透视文化的载体。例如，词汇教学就涉及文化

① 参见崔希亮：《国际中文教育的十二个重点研究领域》，《国际中文教育》（中英文）2023 年第 1 期。

教育问题。词汇的直接意义,主要是指词指称的对象,间接意义则反映了一个民族的生活态度、行为规范、文化背景等。词汇教学,从直接意义讲到间接意义,需要历史文化方面的知识。国际中文教育教师专业复杂,也意味着拥有由博返约的优势。可以从不同角度聚焦到国际中文教育上来,形成国际中文教育跨学科创新的价值。

怎样才能弥补学术研究的短板呢?有些教师教学经验很丰富,积累了大量教学素材,可以利用教学素材,转化教学规律,产出学术成果。理论研究需要和教学经验结合,理论判断也需要教学活动的验证。理论创新提炼出的原理可用于指导、调整、提升实践层面的语言教学活动。学理探究和教学实践集成于一人还是汇合于两人,值得研究。从理论和实践两方面探究有助于深化问题,揭示规律。语言类院校国际中文教育研究主要集中在语言教学方面,要短期超越,难度较大。要做基础语言教学,更要做跨学科的研究,在国际中文教育领域形成创新特色。就一个学校而言,形成特色亮点至关重要。各高校亮点不同、形成体系是国际中文教育学科发展的态势。

雷同化、均质化,坚持中心与边陲的区分模式,就会导致追逐中心,造成更大的雷同。这不仅导致学术研究的雷同化,而且会强化对国际中文教师的等级划分。教师所学专业或者研究的问题,不是语言专业的,就容易被当作边缘,产生学术自卑。教师不仅很难发展,而且容易形成内在的矛盾和张力。对于国际中文教育国内研究生而言,也面临着内在的矛盾和张力。学科的中心与边陲之分不仅影响到科研,而且影响到教学,形成"人"的问题。内在的矛盾和张力问题,对人的发展产生了不可忽视的负面影响。忽视人的内在矛盾和张力,过于强调专业研究的中心与边陲之分,对于国际中文教育成为一个有价值的学科,其弊端是明显的。根本上是把观念上所谓负面、不好的一面转变为有利的一面,通过跨学科合作产出有价值的成果。通俗地说,便是要把教师队伍建设好，只有人理顺了，才能把事情做好。行动是解决问题的钥匙。当前需要的是行动，而不是争鸣或辩论。

三、创新突破

国际中文教育在哪些方面可以拓展呢？必须回到国际中文教育的基本轨道上来讨论这个问题。基本轨道便是三教问题。

就三教问题里的语言教学而言，教学法、教学内容属于“事”的范畴，如何和“人”结合，值得思考。“事”和“人”结合，就要求将对教学法、教学内容的研究与关于教师和学生的研究结合起来。简单来说，需要从教师的视角、学生的视角来分析教学法、教学内容和教学需求之间的关系。好的教学法和教学内容需要以充分满足教师、学生教学需求为衡量标准。抛开这种需求，单纯探讨教学法和教学内容本身没有意义。需求视角下的教学法、教学内容值得探索和拓展。

现在三教问题里面对教师问题的研究比较薄弱。[①] 教育学学科对教师问题有大量研究。教育学研究的教师包括基础教育阶段的，也包括高等教育阶段的。学教育学的教师有这个专业优势。国际中文教育里教师的问题很特殊，既有一般教师的规律，又有语言教师的特殊性。需要注意的是，教育学里的研究对象，无论是基础教育还是高等教育阶段的教师，都未经受不同文化界面的摩擦。国际中文教师反之。其面向外国人传授中文，承担着传播语言文化的责任，身份构成表面简单，其实很复杂。国际中文教师的身份问题，值得研究。

就国际中文教育的学科研究情况来看，教学过程研究是强项，其次是教材，弱项是教师问题研究。为什么对教师问题研究不足呢？从国

① 参见赵金铭：《汉语国际教育的两个研究系统——语言教学与师资培养》，《国际汉语教育》（中英文）2020 年第 1 期。

际中文教师的学科背景角度分析，语言学专业出身的教师占主流，但不能说语言学专业的教师一定具备教育学的优势，其他人文社科的知识和素养并非他们的强项，这就导致难以对教师的发展规律进行学理上的把握。虽然在语言教学实践方面有优势，但由于上述不足，很难去探索教师这一“人”的问题。不探索教师“人”的问题，在学术上就很难做到“事学”和“人学”的结合，局限性很大。

随着国际中文教育的拓展，中文走出去了，但未来的趋势会怎样变化？本土化以后中文还是不是母语意义上的中文？在境外，有些话听起来是中文，但实际上很多内涵和在中国使用的情况已经不同。[①] 在中国文化里面，句子构式问题、词汇方面的内涵意义问题都涉及生活智慧，折射出中国的历史和文化，外国人了解起来很困难。这些情况涉及语言政策及语言规划问题。[②] 具体而言，在全球化条件下，对于中文在对象国形成的各种社会变异，我们应该采取什么态度？怎么规划？谁来规划？这些都是国际中文教育急需回答的理论和政策问题。语言政策及语言规划研究、教师研究都是国际中文教育理论创新的增长点。这些研究都需要落实到语言这一载体。

四、人才培养

国际中文教育，对于普通学历层次的外国留学生而言，需重点关注的是教学问题，而对于国内的硕博研究生，除了教学问题，还有“人才培养”的深意。对于国内的硕博研究生，我们更要秉持人才培养的理念。我们所说的人才培养问题，主要针对的是从事国际中文教育专业研究的国内硕博研究生，其教育质量影响到国际中文教育的师资质量。就

① 参见卢德平：《语言之外的汉语传播》，《云南师范大学学报》（对外汉语教学与研究版）2018年第4期。

② 参见梁昱、卢德平：《语言传播推拉规律及国际中文教育政策原则》，《国际中文教育研究》2023年第2期。

指导方法而言,需要理论和实践相结合,探索出可以有效转化为教学方法、教学内容的科研成果。同时,国际中文教育是一门实践性较强的学科,对于国内的硕博生不能单纯以理论水平高低为衡量标准,而要更多指向人才培养的社会价值。理论基础、跨学科能力、实践经验是国际中文教育硕博研究生形成学科适应能力的三个基本点。

那么怎么把研究生培养成既有跨学科能力,又有实践经验的人才呢?首先,国际中文教育的硕博研究生要热爱国际中文教育事业。这一点是国际中文教育得以发展的动力所在。换言之,就是要把研究生培养成对国际中文教育学科有认同、有信念、有感情的人。要帮助他们从"比较效应"里走出来,转变成一个自信的群体。出现"比较效应"不是因为国际中文教育本身有问题,而是关于国际中文教育的观念有问题。其次,从人才生态分布的规律看,竞争强度决定了人才聚集的密度。越是竞争激烈的地方,强有力的人才越愿意参与竞争。竞争强弱决定了资源多寡。资源密度规定了竞争的强度。很多人视国际中文教育为竞争强度不高的领域,从这一角度看,国际中文教育正好存在发展的空间。在坚持人才观的同时,要有发展观。研究生一方面需要对"比较效应"增强免疫力,另一方面要利用现有格局加速能力建设。根本的是要确立人才观。国际中文教育人才培养,在功能上要替代外部"面子"人才,造就内部实力人才;需要引入竞争机制,本硕博去层次化,同台竞技;要带动学生做科研,生产论文,发表论文;要以发现学生的潜力为出发点,将活力激发出来,使普通学生转变为人才学生,形成人才梯队;要从功能优化转变为资源聚集,进行学术"正名"。

道理如此,但国际中文教育硕博研究生尚需在学术上确立自己的定位。我们认为以下问题可供参考研究:

第一,研究外国留学生的中文学习和使用状况。要分析留学生群体在中文学习上产生了什么分化。需要考虑到中国主办国际中文教学是教育主权的彰显，具体表现为自主配备什么样的教师，使用什么样的教材，安排什么样的教学内容，采取什么样的教学节奏，遵循什么样的教学规律等。凡属于教育主权内涵的教学要素都不能简单按照学生的要求更改、压缩、调整。作为教师，不仅要帮助留学生掌握中文，而且还肩负着行使教育主权的重任。探讨教育主权和实际教学需求的关系，既是一个学术问题，又是一个政策问题。一方面要区分教育和学习侧面，另一方面要深层次汇通两个侧面。政策意义和学术价值蕴含其中。

第二，留学生的中文口语教学值得研究。① 口语教学的研究是切入点。语言教学是偏重于传授语音、词汇、组句、篇章等方面的语言知识，还是偏重于口语交际呢？这一方面牵涉到语言的结构要素，另一方面又涉及语言的实际应用。目前翻译软件被广泛使用，中文多语翻译和学习已经成为现实。但面对面的口语交际在增进理解、深化情感方面是书面语教学所无法替代的。针对交际场域，强化口语教学训练，可以帮助留学生结交中国朋友，了解中国社会，学习和掌握中国社会生活的规范。可以说，口语教学本身就是透视中国社会现实、传播生活理念的重要途径，也体现了国际中文教育的主权价值。口语教学既是国际中文教育的基础教学内容，又是中国文化传播的载体，更是教育主权的体现形式。对此，可以借鉴会话分析成果，收集现场教学资料，进行探索和研究。同时，还可以揭示会话主题、动机、结构、效果等语法、语义、语用问题，为语言学研究提供新的启示。

第三，教材的文本问题值得研究。国际中文教材收录的文章，很多来自其他体裁，如诗歌、小说、散文、政论等。一旦这些作品进入教材，其流通语境就发生了变化。从教学角度看，不能用阅读文学作品的标准去看待教材里面的小说、诗歌、散文。这些作品严格界定起来是教材

① 参见崔希亮：《国际中文教育的分层意识和产品化思维》，《北京第二外国语学院学报》2023年第4期。

中的文本，既要满足教材的结构标准，又要满足教材教育功能的需要。从结构看，可借鉴文本学研究成果，探索教材文本的结构肌理，通过回指、重复、并列等文本手段分析国际中文教育教材课篇布局的特征。从教育功能看，教材收录的小说，情节虽属虚构，但反映了中国的社会现实，特别是反映了中国人生活的理念和态度。从教材看中国，看中国人，看中国社会，是教材编写的初衷。研究国际中文教育教材，就是要探索这些教育功能实现到了什么程度？相关文章的结构网络是否足以支撑这些教育功能？简单来讲，涉及各种体裁的作品怎么才能转换进教材？转换规律有哪些？转换条件有哪些？转换的效果如何？外国留学生构成了阅读主体，对教材的编写和使用产生了重要影响。

第四，城市语言景观的研究是带领留学生体验中国城市生活、探索中国城市社会的有效办法。城市语言景观表征了城市空间，是空间功能外显的符号，是映射城市社会现实的窗口。一家店铺名的语词选择和组合，反映了设立者对于市场经济的理解，也反映了店铺营销风格及其与市民生活的关系。空间提供了书面文本和口语交流所没有的语境意义。大量城市的语言景观，在短语构成上呈现出很多“异常”搭配。这些搭配，在城市空间能通行，但在书面语和口语里很少通行。社会生活形态多样，从不同角度创新了语言，创新植根于社会需求。留学生如何理解中文使用的语境差异？怎样接受中国社会的语言创新？面向留学生分析店铺招牌，既可以当作词汇教学内容，又可以看作文化教学实践。以此为材料来源，探讨这类问题，是社会语言学和应用语言学的学术任务。

上述几个方面都涉及国际中文教育的基础理论问题。探讨这些问题，是以人才培养为目标的学术实践。破解疑难问题，解释学理根源，既是人才培养的要求，又是国际中文教育学科建设的需要。

外语教师对思辨能力培养的认知研究*

马利红**

【摘要】 本文调查了外语教师对思辨能力培养的认知理念，并基于社会文化理论探索其影响因素，共121名教师参加问卷调查，10名教师参加半结构化访谈。结果表明：第一，外语教师普遍高度认可思辨能力的培养；第二，相比中年教师，年轻教师在思辨能力的重要性认识、培养观念以及教学理念方面表现出更高的积极性；第三，女性教师在开展思辨教学方面的能力似乎优于男性教师；第四，与本科学历教师相比，拥有研究生学历的教师在思辨教学知识方面表现更加出色；第五，外语教师对思辨能力培养的认知受到教学经验、教育背景、性格特质、知识储备等个人因素以及国家政策、学校文化、考试体系等社会文化因素的多重影响。本文为促进外语教师的专业成长以及提升外语学习者的思辨能力提供了重要的启示。

【关键词】 外语教师；思辨能力；教师认知；社会文化理论

一、研究缘起

随着经济竞争加剧和全球化发展，思辨能力已成为未来社会和经

* 本文系国家教育考试科研规划2022年度重点课题“新高考背景下英语学科核心素养测评研究”（课题编号：GJK2021011）和2022年度国家社会科学基金项目“‘双一流’背景下学术英语写作思辨能力评价与提升路径研究”（项目批准号：22BYY097）阶段性成果。

** 作者简介：马利红，北京科技大学外国语学院教授，博士生导师。

济发展的必然要求，是最受各国际组织和经济体重视的核心素养之一。[①] 外语/二语学习涉及不同文化背景和思维方式，具有培养学生思辨能力的独特优势。[②]《义务教育英语课程标准（2022 年版）》（以下简称《义教新课标》）和《普通高中英语课程标准（2017 年版）》（以下简称《基教新课标》）明确将思辨能力培养作为中小学外语教学的重要目标之一。针对如何在外语教学中培养思辨能力，孙有中提出思辨外语教学，强调思辨能力与外语学习相互作用、协同发展。[③] 尽管已有研究关注外语教师对思辨能力培养的认知[④]，但甚少有研究关注不同群体外语教师对思辨能力培养的认知差异。教师认知包括教师知识和教师信念，是教师行为的驱动力。[⑤] 只有教师认识到思辨能力培养的重要性，掌握思辨能力培养的方法并将其融入有效教学实践，才能提升思辨能力培养质量。[⑥] 因此，探讨不同群体外语教师对思辨能力培养的认知差异并进一步挖掘其影响因素，对推动外语教师专业发展以及《义教新课标》和《基教新课标》落地具有重要的学术价值和实践意义。

二、文献述评

教师认知研究反映出从关注显性教师行为到关注隐性教师思维的转变，对于促进课堂教学、课程改革和教师专业发展具有重要意义。[⑦]

① 参见刘坚、魏锐、刘晟等：《〈面向未来：21 世纪核心素养教育的全球经验〉研究设计》，《华东师范大学学报》（教育科学版）2016 年第 3 期。

② Mehdi, K. and Mostafa, Z., "A Survey on the Relationship Between Critical Thinking and Reading Comprehension Proficiency of Iranian EFL Students", *Modern Journal of Language Teaching Methods*, vol.5, no.3(2015), pp.246-256.

③ 参见孙有中：《思辨英语教学原则》，《外语教学与研究》2019 年第 6 期。

④ Zhang, H., Yuan, R. and He, X., "Investigating University EFL Teachers' Perceptions of Critical Thinking and Its Teaching: Voices from China", *The Asia-Pacific Education Researcher*, vol.29, no.5(2020), pp.1-11；张虹：《思辨英语教学：英语专业教师认知视角》，《外语研究》2019 年第 4 期。

⑤ Borg, S., *Teacher Cognition and Language Education: Research and Practice*, London: Continuum, 2006.

⑥ 参见孙有中、张虹、张莲：《〈国标〉视野下外语类专业教师能力框架》，《中国外语》2018 年第 2 期。

⑦ Borg, S., *Teacher Cognition and Language Education: Research and Practice*, London: Continuum, 2006.

可视化分析发现，教师认知已成为国际语言学领域开展思辨能力培养研究的重要趋势。[①] 迄今为止，外语教师对思辨能力培养的认知研究主要集中在四个方面。其一，调查外语教师对思辨能力培养的态度。比如基于问卷调查、焦点小组访谈和课堂观察，有研究者发现我国中学外语教师整体上对语言课堂培养思维技能持积极态度[②]；基于半结构化访谈和课堂观察，有研究者发现我国职前外语教师愿意将思辨能力培养融入外语教学中[③]。其二，调查外语教师在培养学生思辨能力过程中遇到的困难。比如培养学生思辨能力并非香港中学外语教师的教学目标，制度约束和外部压力使思辨能力培养面临困难[④]；尽管我国大学英语教师认同在英语课堂培养思辨能力的重要性，但缺乏思辨英语教学知识[⑤]；我国高校英语专业教师在思辨能力培养实践中也存在困难，需要教师培训、资源建设、制度和环境支持等[⑥]。其三，探索影响外语教师思辨能力培养认知的因素。比如学习经历和评价制度等影响我国职前外语教师对思辨能力培养的认知。[⑦] 其四，探索外语教师提升思辨外语教学能力的路径。比如已有研究者采用行动研究关注土耳其职前外语教师课堂实践，发现教育实习有助于职前教师对思辨能力的理解并能提升思辨英语教学技能。[⑧] 另外，有研究者基于 2010—2020 年 25 项实

① 参见马利红、刘坚：《国际语言学领域思辨能力培养的研究进展与发展趋势——基于 SSCI 期刊论文的可视化分析》，《外语界》2018 年第 4 期。

② Li, L., "Integrating Thinking Skills in FL Learning: What Can We Learn from Teachers' Perspectives?", *Thinking Skills and Creativity*, no. 22(2016), pp.273-288.

③ Ma, L. and Luo, H., "Chinese Pre-Service Teachers' Cognitions about Cultivating Critical Thinking in Teaching English as a Foreign Language", *Asia Pacific Journal of Education*, vol. 41, no.3(2021), pp.543-557.

④ Mok, J., "The New Role of English Language Teachers: Developing Students' Critical Thinking in Hong Kong Secondary School Classrooms", *The Asian EFL Journal Quarterly*, vol.12, no.2(2010), pp.262-287.

⑤ Zhang, H., Yuan, R. and He, X., " Investigating University EFL Teachers' Perceptions of Critical Thinking and Its Teaching: Voices from China", *The Asia-Pacific Education Researcher*, vol.29, no.5(2020), pp.1-11.

⑥ 参见张虹：《思辨英语教学：英语专业教师认知视角》，《外语研究》2019 年第 4 期。

⑦ Ma, L. and Luo, H., " Chinese Pre-Service Teachers' Cognitions about Cultivating Critical Thinking in Teaching English as a Foreign Language", *Asia Pacific Journal of Education*, vol. 41, no.3(2021), pp.543-557.

⑧ Petek, E. and Bedir, H., " An Adaptable Teacher Education Framework for Critical Thinking in Language Teaching", *Thinking Skills and Creativity*, no.28(2018), pp.56-72.

证研究的系统综述，发现外语教师教育对思辨能力培养重视不够，课程内容与教学实践还存在差距。[①]

综上，以往关于外语教师对思辨能力培养认知的研究为本文提供了重要参考，但也存在不足。其一，教师认知具有内隐性和复杂性，如何真实有效地描述和表征隐蔽的教师认知是待解决的关键问题。以往研究虽采用问卷调查，但较少报告问卷的信度和效度，分析方法不够严谨和深入。由于教师认知的多元性和复杂性，质化和量化相结合的混合研究方法有助于获取更全面、深入和可靠的数据。其二，以往研究缺少有效解释外语教师对思辨能力培养认知的理论框架，导致研究结果对外语教师专业发展和教学实践的参考价值有限。社会文化理论认为，个体认知和社会文化共同发展，不可分割。[②] 相应地，教师的认知产生并形成于教师参与的具体社会文化活动中。[③] 因此，采用社会文化理论阐释外语教师对思辨能力培养的认知，有利于在更深层面揭示教师认知形成和发展的复杂性，凸显教师认知的主体性、情境性和互动性。其三，以往研究主要调查外语教师对思辨能力培养的态度和困难，未考察不同群体教师对思辨能力培养的认知是否存在差异，也未深入探索哪些因素影响外语教师对思辨能力培养的认知。影响外语教师对思辨能力培养认知的因素众多，故本文运用量化和质化相结合的混合研究方法，从社会文化视角考察影响我国外语教师对思辨能力培养认知的因素，旨在回答以下问题：

1.我国外语教师对思辨能力培养的认知现状如何？

2.不同群体外语教师对思辨能力培养的认知存在何种差异？

① Yuan, R., Liao, W., Wang, Z., Kong, J. and Zhang, Y.,"How Do English-as-a-Foreign-Language (EFL) Teachers Perceive and Engage with Critical Thinking: A Systematic Review from 2010 to 2020", *Thinking Skills and Creativity*, 43(2022).

② Vygotsky, L. S., *Mind in Society: The Development of Higher Psychological Processes*. Cambridge, MA: Harvard University Press, 1978.

③ Johnson, K. E., "Reclaiming the Relevance of L2 Teacher Education", *The Modern Language Journal*, no.99(2015), pp.515-528.

3.哪些因素影响外语教师对思辨能力培养的认知?

三、研究设计

(一)研究对象

本文的研究数据来自中国基础教育质量监测协同创新中心区域教育健康体检项目。采用目的抽样方法,对北京市某区121名外语教师进行问卷调查,抽样教师的人口统计学信息如表1所示。问卷调查结束后,对10名不同性别、职称、学历和年龄的教师进行半结构化访谈。

表1 教师人口学信息

<table>
<tr><th colspan="3">人口统计学变量</th><th>数量(名)</th><th>百分比(%)</th></tr>
<tr><td rowspan="2">性别</td><td colspan="2">女</td><td>111</td><td>91.7</td></tr>
<tr><td colspan="2">男</td><td>10</td><td>8.3</td></tr>
<tr><td rowspan="4">年龄</td><td>25～29岁</td><td rowspan="2">青年教师组</td><td>3</td><td>2.5</td></tr>
<tr><td>30～39岁</td><td>36</td><td>29.8</td></tr>
<tr><td>40～49岁</td><td rowspan="2">中年教师组</td><td>69</td><td>57.0</td></tr>
<tr><td>50～59岁</td><td>13</td><td>10.7</td></tr>
<tr><td rowspan="3">学历</td><td>师范本科</td><td rowspan="2">本科学历组</td><td>80</td><td>66.1</td></tr>
<tr><td>非师范本科</td><td>27</td><td>22.3</td></tr>
<tr><td>研究生</td><td>研究生学历组</td><td>14</td><td>11.6</td></tr>
<tr><td rowspan="5">职称</td><td>未评职称</td><td rowspan="3">初级职称组</td><td>2</td><td>1.6</td></tr>
<tr><td>中学三级</td><td>1</td><td>0.8</td></tr>
<tr><td>中学二级</td><td>21</td><td>17.4</td></tr>
<tr><td>中学一级</td><td>中级职称组</td><td>55</td><td>45.5</td></tr>
<tr><td>中学高级</td><td>高级职称组</td><td>42</td><td>34.7</td></tr>
</table>

(二)研究工具

1.教师认知问卷

本文以理查兹(Richards)与洛克哈特(Lockhart)[①]提出的二语教师认知体系为框架,参考思维能力培养教师认知问卷[②],将"思维能力"改编为"思辨能力",并基于我国中学外语教学实际对问卷内容进行修订。然后,对10名外语教师进行预调查和焦点小组访谈,根据反馈意见进一步完善问卷内容。最后形成的教师认知问卷包括21道题目,分5个维度,即思辨重要性认知(比如"思辨能力对学科学习很重要")、思辨能力培养观(比如"所有学生均可发展思辨能力")、思辨外语教学观(比如"思辨能力培养应该是英语课程的重要部分")、思辨外语教学行为(比如"我会提出开放式问题来发展学生的思辨能力")和思辨外语教学知识(比如"我知道提高思辨能力的不同方法"),采用5级李克特量表形式(1="非常不同意",5="非常同意"),分数越高,表示教师对思辨能力培养的认知越深刻。统计结果显示,教师认知问卷内部一致性信度为0.978,五个维度内部一致性信度分别为0.964、0.936、0.964、0.954、0.910。

2.教师访谈提纲

为深入了解教师认知的影响因素,我们根据问卷调查结果对10名教师进行半结构化访谈。首先根据教师认知影响因素相关研究和问卷调查结果草拟访谈提纲,然后对2位中学外语教师进行预访谈,根据反馈意见对访谈问题进行修订,确保访谈问题清晰易懂且能激发受访教师反思。最后形成的访谈提纲包括6道大题,比如"您通常多久安排一次思辨能力训练活动?""您认为活动效果如何?""什么原因促使您安排这样的活动?""您如何评价您的思辨能力教学水平?""您认为影响或提升您的思辨能力教学水平的因素有哪些?"等。

① Richards, J. C. and Lockhart, C., *Reflective Teaching in Second Language Classrooms*, Beijing: People's Education Press, 1996.

② Li, L., "Integrating Thinking Skills in FL Learning: What Can We Learn from Teachers' Perspectives?", *Thinking Skills and Creativity*, no. 22(2016), pp.273-288.

(三)数据收集与分析

首先,通过在线问卷系统对抽样教师进行调查,使用 SPSS 20.0 进行描述性统计,了解外语教师对思辨能力培养认知的整体状况(研究问题 1)。其次,通过独立样本 t 检验和单因素方差分析,探索不同群体中学外语教师对思辨能力培养的认知差异(研究问题 2)。最后,基于调查结果选取 10 名教师进行深度访谈,挖掘影响教师认知的因素,共收集访谈 10 人次,每次 30 分钟至 1 小时不等。访谈结束后,使用质性资料分析软件 NVivo 12.0 对访谈数据进行编码,包括以下三个步骤:一是访谈数据转写;二是借助 NVivo 12.0 对访谈数据进行主题编码,形成不同层次节点;三是分析和归纳节点间联系,根据主题意义进行提炼和概括,进行轴心编码,形成树节点。

四、研究结果

(一)外语教师对思辨能力培养的认知现状

为回应研究问题 1,我们对中学外语教师在思辨能力培养认知方面的调查结果进行描述性统计。结果表明,中学外语教师对思辨能力培养的整体认知均值为 3.92,标准差为 0.74,表明中学外语教师对思辨能力培养整体认知较高,与《义教新课标》和《基教新课标》对思辨能力培养的要求基本一致。通过比较中学外语教师在思辨重要性认知、思辨能力培养观、思辨外语教学观、思辨外语教学行为和思辨外语教学知识等维度的表现,我们发现外语教师在思辨重要性认知(平均值为 4.08)和思辨外语教学行为(平均值 4.11)上表现较好,在思辨外语教学知识上表现欠佳(平均值 3.56),如图 1 所示。

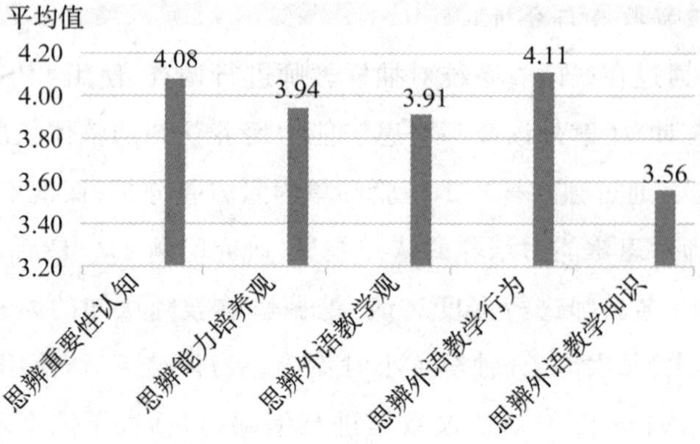

图 1　外语教师对思辨能力培养的认知

（二）外语教师对思辨能力培养认知的差异

为回应研究问题 2，我们对外语教师在思辨能力培养方面的认知调查结果进行差异分析。独立样本 t 检验结果表明，不同性别、职称和年龄的外语教师对思辨能力培养的整体认知无显著差异（$P>0.05$），但在不同维度上表现不同（见表 2）。方差分析结果进一步表明，不同学历的外语教师对思辨能力培养的整体认知和不同维度表现均无显著差异（$P>0.05$）。在思辨重要性认知、思辨能力培养观和思辨外语教学观三个维度上，不同性别和不同学历的教师均无显著差异（$P>0.05$），但不同年龄教师在思辨重要性认知、思辨能力培养观和思辨外语教学观三个维度存在显著差异，青年教师得分显著高于中年教师（$P<0.05$）。这表明青年教师对思辨能力培养的认知更深刻，对思辨外语教学的态度更加积极。在思辨外语教学行为维度，不同学历和不同年龄教师无显著差异（$P>0.05$），但不同性别教师的思辨外语教学行为存在显著差异，女教师显著优于男教师（$P<0.05$），这表明中学女教师更擅长在外语教学中培养学生的思辨能力。在思辨外语教学知识维度，不同性别和不同年龄教师的思辨外语教学知识无显著差异（$P>0.05$），但不同学历教师存在显著差异，研究生学历教师的思辨外语教学知识显著高于本科学历教师（$P<0.05$）。

表 2　不同群体外语教师对思辨能力培养认知差异分析

不同群体		不同性别				不同学历				不同年龄				不同职称				
		男	女	t 值	P 值	本科	研究生	t 值	P 值	青年	中年	t 值	P 值	初级	中级	高级	F 值	P 值
教师认知总体表现		3.55 (0.84)	3.95 (0.72)	1.68	0.095	3.86 (0.76)	3.92 (0.74)	2.12	0.124	4.15 (0.69)	3.87 (0.74)	1.91	0.053	4.06 (0.72)	3.93 (0.69)	3.92 (0.74)	0.836	0.436
不同维度	思辨重要性认知	3.73 (1.04)	4.11 (0.76)	−1.47	0.142	4.03 (0.80)	4.43 (0.65)	1.59	0.208	4.36 (0.70)	3.94 (0.80)	2.78	**0.006**	4.35 (0.70)	4.09 (0.75)	3.91 (0.85)	2.544	0.083
	思辨能力培养观	3.50 (0.95)	3.98 (0.79)	−1.81	0.073	3.89 (0.82)	4.20 (0.88)	0.84	0.435	4.19 (0.76)	3.82 (0.81)	2.44	**0.016**	4.07 (0.79)	3.99 (0.79)	3.80 (0.84)	1.072	0.345
	思辨外语教学观	3.68 (0.83)	3.93 (0.88)	−0.88	0.377	3.84 (0.87)	4.21 (1.01)	1.10	0.336	4.16 (0.84)	3.79 (0.88)	2.18	**0.031**	4.01 (0.90)	3.94 (0.88)	3.82 (0.87)	0.390	0.678
	思辨外语教学行为	3.63 (0.89)	4.15 (0.72)	−2.13	**0.035**	4.03 (0.75)	4.4 (0.82)	2.23	0.113	4.20 (0.72)	4.01 (0.74)	2.04	0.053	4.17 (0.74)	4.15 (0.70)	4.01 (0.81)	0.522	0.595
	思辨外语教学知识	3.20 (0.80)	3.59 (0.92)	−1.31	0.194	3.51 (0.94)	4.17 (0.80)	3.90	**0.023**	3.73 (0.90)	3.48 (0.91)	2.39	0.165	3.69 (0.99)	3.50 (0.85)	3.56 (0.95)	0.389	0.678

(三)影响外语教师对思辨能力培养认知的因素

本文以受访教师的每句话为最小分析单元,对原始访谈录音转写文本进行内容分析与提取,再结合相关文献对提取的原始指标进行整合和规范,根据扎根理论寻找反复出现的本土概念。教师访谈数据的节点编码情况和基于核心类属的分析结果如表3所示。研究结果显示,外语教师对思辨能力培养的认知受到教师个体因素和社会文化因素的共同影响(见表3)。教师个体因素主要包括他们的学习经历、教学经历、性格特征,以及他们的知识储备;而社会文化因素则包括外语教育政策、教师培训、课堂氛围、学校文化以及评价制度。这些因素共同塑造了教师对于思辨能力培养的认知和实践方法。

表3 教师认知影响因素三级编码结果

主题	节点	来源	教师访谈举例
教师个体因素	学习经历	大学学习经历	"上大学时,专业课学习基本围绕外语语言技能训练,很少涉及思辨训练。"
		中学学习经历	"高中题海战术对我影响很大,那时也没有思辨能力练习,老师讲课内容影响我现在的教学。"
	教学经历	中学外语教学经验	"教研员传达的外语教学改革精神对我的教学影响很大,依据以往的经验,也很难一下子改变,导致上课也仍然会有传统的语法和词汇练习,偶尔会穿插思辨能力小练习。"
	性格特征	外向	"我愿意尝试新事物,课堂中经常会尝试新活动。"
		内向	"性格原因,我和学生互动较少。"
	知识储备	思辨能力知识	"对思辨能力概念理解还很模糊。"
		学科教学知识	"对思辨能力培养方法也不是很清楚。"

续表

主题	节点	来源	教师访谈举例
社会文化因素	外语教育政策	《课标》对思辨能力的重视	“《课标》的学科核心素养是我们的指挥棒，思维品质是学科核心素养之一，强调思辨能力培养，会影响我们以后的教学方式。” “《课标》把思辨能力作为培养目标，这个力度很大，促使我重新思考外语教学。”
	教师培训	在职培训	“暑假一般会参加外研社或高教社主办的教师培训，接触到思辨能力培养课程。”
	课堂氛围	学生外语水平	“学生外语水平不够，很难开展讨论、辩论等提升思辨能力的课堂活动。”
		课堂氛围	“有的班级课堂很活跃，适合开展活动，而有的班级课堂沉闷，开展课堂活动质量不高。”
	学校文化	儒家文化	“受传统文化影响，很多学生不敢质疑书本和老师，也发生过上当受骗的事情，这都是因为不具备思辨能力，难以分辨真伪。”
		学校文化	“如果学校重视分数，那就很难在课堂中开展这么多思辨培养活动，如果学校重视综合素养，那就会多开展思辨能力教学活动。”
	评价制度	新中考 新高考	“新中考加大阅读比例，所选语篇内容多样化，题目逐渐从提取信息转向推理总结，对思辨能力要求逐步提高。”

通过深入分析中学外语教师对思辨能力培养认知的影响因素，本文揭示了我国中学外语教师在培养学生思辨能力方面的实际情况，对改进外语教学实践和践行外语教育政策提供了参考和借鉴，对于提高我国外语教师教育水平和推动学生思辨能力发展具有重要的理论和实践意义。

五、讨论

(一)外语教师对思辨能力培养的认知水平整体较高,不同群体存在差异

我国中学外语教师已经认识到思辨能力培养的重要性,并能够在教学实践中开展思辨能力培养活动,但是思辨教学理论素养还比较匮乏,需要通过教师培训提升理论知识,这与已有研究者①对我国中学英语教师的调查结果一致。

另外,我国不同群体外语教师对思辨能力培养的认知存在差异。青年教师比中年教师更能意识到思辨能力培养对于外语学习的重要性,更倾向于支持思辨外语教学。随着《义教新课标》和《基教新课标》将思辨能力培养作为重要育人目标,思辨能力培养已成为中小学外语课程的重要组成部分。与中年教师相比,青年教师有更多机会参与教师培训,更有可能理解并响应最新的教育理念和教育改革政策。② 尽管教学经验对教师认知的形成具有重要作用③,但中年教师受传统外语教育理念影响较深,加上接受教师培训的机会相对较少,导致他们对思辨外语教学的认知较低④。教师只有具备培养学生思辨能力的主动意识和专业能力,才能促进学生的思辨能力发展。⑤ 因此,为落实《义教新课标》和《基教新课标》对思辨能力培养的要求,提升外语教师的思辨教学

① Li, L.,"Integrating Thinking Skills in FL Learning: What Can We Learn from Teachers' Perspectives?",*Thinking Skills and Creativity*, no. 22(2016), pp.273-288.

② Gatbonton, E.,"Looking Beyond Teachers' Classroom Behavior: Novice and Experienced ESL Teachers' Pedagogical Knowledge", *Language Teaching Research*, vol. 12, no. 2(2008), pp.161-182.

③ Borg, S., *Teacher Cognition and Language Education: Research and Practice*, London: Continuum, 2006.

④ Ma, L. and Liu, N.,"Teacher Belief about Integrating Critical Thinking in English Teaching in China",*Journal of Education for Teaching*, vol.49, no.1(2023), pp.137-152.

⑤ Abrami, P., Bernard, E., Borokhovski, D., Waddington, C., Wade, C., and Persson, T.,"Strategies for Teaching Students to Think Critically: A Meta-analysis", *Review of Educational Research*, vol. 85, no. 2(2015), pp.275-314.

素养非常必要。

而且,研究生学历教师比本科学历教师拥有更丰富的思辨教学知识。相较于本科学历教师,研究生学历教师受过更多学术训练,思辨能力、学习能力和反思能力更强。思辨教学知识是理论和实践的结合,需要教师不断反思、总结、提炼和升华,这就使得研究生学历教师更容易理解和掌握思辨外语教学知识。最后,研究还发现,女教师的思辨教学行为显著高于男教师。男教师与女教师之间存在生理差异,在语言学习过程中,男性大脑左半球起主导作用,促使男教师更喜欢分析语言现象,更注重读写类语言活动;女性则是全脑参与,其中右脑参与更有助于发展形象思维和直觉思维,重视语言综合能力培养,[①]因而她们的思辨外语教学行为高于男教师。

(二)影响外语教师思辨能力培养认知的因素包括教师个体因素和社会文化因素

影响我国中学外语教师思辨能力培养认知的因素既包括教师个体因素又包括社会文化因素,这与社会文化理论吻合,即教师的认知根植于社会文化环境并分布于不同的人和活动中。[②] 一方面,外语教师自身的学习经历、教学经历、性格特征等影响他们对思辨能力培养的认知。以往研究表明,教师容易将根深蒂固的个人观念带入职业生涯,包括教学方法和教学信念。[③] 相应地,外语教师常常根据自己学习外语的经历来理解外语教育[④],故本文的研究结果进一步验证和拓展了教师认知影响因素研究。另一方面,本文研究发现,社会文化环境对外语教师思辨

① Viriya, C. and Sapsirin, S.,"Gender Differences in Language Learning Style and Language Learning Strategies", *Indonesian Journal of Applied Linguistics*, vol. 3, no.2(2014).

② Johnson, K. E.,"Reclaiming the Relevance of L2 Teacher Education", *The Modern Language Journal*, no.99(2015), pp.515-528.

③ Freeman, D.,"The Hidden Side of the Work: Teacher Knowledge and Learning to Teach: A Perspective from North American Educational Research on Teacher Education in English Language Teaching",*Language Teaching*, vol. 35, no.1 (2002), pp.1-13.

④ Ma, L. and Luo, H.,"Chinese Pre-Service Teachers' Cognitions about Cultivating Critical Thinking in Teaching English as a Foreign Language",*Asia Pacific Journal of Education*, vol. 41, no.3(2021), pp.543-557.

能力培养认知的影响主要体现在外语教育政策、教师培训、课堂氛围、学校文化、评价制度等方面。可见,学校评价制度对教师认知有重要影响,其中高利害考试是否考查思辨能力是影响中学外语教师认知的最主要因素,这与已有研究者[①]的观点一致。根据社会文化理论,社会文化环境对人的认知发展具有首要的、决定性影响。[②] 因此,作为教师学习和工作的主要场所,学校环境对教师认知的形成和发展具有直接影响。

根据社会文化理论,人的认知不是独立发展起来的,而是参与社会活动的产物,是在社会文化环境中从低级心理机能逐渐向高级心理机能转化的过程,故教师认知发展不仅取决于自己,也受社会文化影响。[③] 社会文化因素和教师个体因素对中学外语教师认知的形成和发展既可能起促进作用,也可能起抑制作用,这既与社会文化理论一致,又符合以往研究提出的"影响教师认知的因素复杂,既包括教育政策、考试制度、社会文化、课堂环境等社会文化环境因素,又包括教师个性特征、学习经历、教学经验、专业发展观等教师个体因素"[④]。教师认知与教学实践并不总是一致的,社会文化背景是造成这种差异的重要因素。[⑤] 根据社会文化理论中的最近发展区理论,教师认知水平与外部资源支持下能达到的更高水平之间有差距,专家指导、同事帮助、学校激励、家长期望等情境因素可能会弥补教师认知与教学实践之间的差距。[⑥] 这就启示学校或教师教育工作者可通过提供专家指导、政策激励、在职培训等

① Yan, C.,"'We Can Only Change in a Small Way': A Study of Secondary English Teachers' Implementation of Curriculum Reform in China", *Journal of Educational Change*, vol.13, no.4 (2012), pp.431-447.

② Lantolf, J. P., "Sociocultural Theory and L2: State of the Art", *Studies in Second Language Acquisition*, vol. 28, no.1 (2006), pp.67-109.

③ Vygotsky, L. S., *Mind in Society: The Development of Higher Psychological Processes*, Cambridge, MA: Harvard University Press, 1978.

④ 张凤娟、刘永兵:《影响中学英语教师信念的多因素分析》,《外语教学与研究》2011 年第 3 期。

⑤ Johnson, K. E., "Reclaiming the Relevance of L2 Teacher Education", *The Modern Language Journal*, no.99(2015), pp.515-528.

⑥ Vygotsky, L. S., *Mind in Society: The Development of Higher Psychological Processes*, Cambridge, MA: Harvard University Press, 1978.

外部资源支持缩小外语教师的认知和教学实践之间的差距。

六、结论与启示

教师是落实思辨能力培养的核心主体，本文从教师认知的角度研究外语教学中的思辨能力培养，并基于社会文化理论探索影响教师认知的因素，既符合《义教新课标》和《基教新课标》对思辨能力培养的要求，又符合外语类教师能力框架对新时代外语教师教学能力的要求。本文的研究结果对外语教学中的思辨能力培养和教师专业发展具有启示意义。其一，本文对于在外语教学中培养学生的思辨能力，实现立德树人具有指导意义，可为《义教新课标》和《基教新课标》的落地和推广提供实证依据。其二，本文可为教师教育工作者开展外语教师培训和研修，提升外语教师的思辨能力教学水平，促进外语教师专业发展和职业生涯规划提供参考和借鉴。本文也有不足之处，比如教师自我报告的数据可能会影响调查结果的准确性和可推广性，未来可结合学生参与和课堂观察，双向验证外语教师对思辨能力培养的认知。

语言教育中的情绪：外语焦虑与愉悦研究回顾与展望

张　聪　孟怡雯*

【摘要】 随着人本主义心理学和积极心理学的发展，情绪在外语教育中的地位日益凸显。外语焦虑与愉悦作为外语学习中最常感知到的情绪，是外语情绪研究的焦点。本文通过回顾二者的发展阶段并梳理相关理论，整理出四项研究主题：外语焦虑与愉悦的量表研制和关系、影响因素、与其他变量的关系及其发展的动态性。进而从研究方法、研究对象和研究主题等角度提出建议，呼吁未来外语情绪研究采取更加科学客观的研究方法，考察不同学习阶段的学习者，丰富深化研究内容，从而促进外语教育的发展。

【关键词】 情绪；外语教育；外语愉悦；外语焦虑

一、引言

随着“走出去”政策和“一带一路”倡议的推进，外语教育的重要性日益凸显。① 人本主义心理学和积极心理学推动了情绪在外语教育研究中的发展②，研究表明，情绪会对外语学习产生重要影响③。外语焦

* 作者简介：张聪，山东大学外国语学院副教授，硕士生导师；孟怡雯，山东大学外语国学院硕士研究生。

① 参见胡壮麟：《对中国外语教育改革的几点认识》，《外语教学》2015 年第 1 期。

② MacIntyre, P. D. and Mercer, S., “Introducing Positive Psychology to SLA”, *Studies in Second Language Learning and Teaching*, vol. 4, no. 2 (2014), pp.153-172.

③ Li, C., Dewaele, J. M. and Jiang, G., “The Complex Relationship Between Classroom Emotions and EFL Achievement in China”, *Applied Linguistics Review*, vol. 11, no. 3 (2020), pp.485-510.

虑与愉悦分别作为最具代表性的消极情绪和积极情绪[①]，在外语教育研究中得到广泛关注。鉴于此，本文将回顾二者的发展历程，阐述其理论基础，梳理主要研究内容并提出相应建议，为未来的外语情绪研究指明方向。

外语情绪研究初期主要关注焦虑等消极情绪，取得了丰硕成果。李炯英和林生淑分析了自1973年起国外外语焦虑30年的研究。[②] 霍维茨（Horwitz）等总结了44项具有里程碑意义的外语焦虑研究。[③] 施渝和徐锦芬回顾了国内外自1971年至2011年的外语焦虑研究。[④] 李炯英和李青采用定量和定性研究相结合的方法，评述了截至2015年国内外语焦虑研究的发展状况。[⑤] 麦金太尔（MacIntyre）将外语焦虑研究划分为困惑时期（Confounded Approach）、专业化时期（Specialized Approach）和动态发展时期（Dynamic Approach），分析了每个时期外语焦虑的研究方法，反映出外语教育领域对外语焦虑的研究不断深化。[⑥]

麦金太尔和葛瑞格森（Gregersen）将积极心理学引入外语教育领域后[⑦]，积极情绪和消极情绪并重的地位逐渐得到认可，相关研究蓬勃发展。江桂英和李成陈从积极心理学视角梳理外语学习研究，概述了积极心理学对该领域的三大贡献。[⑧] 在此基础上，李成陈回顾了相关理

① Piniel, K. and Albert, Á., "Advanced Learners' Foreign Language-Related Emotions Across the Four Skills", *Studies in Second Language Learning and Teaching*, vol. 8, no. 1 (2018), pp.127-147.

② 参见李炯英、林生淑:《国外二语/外语学习焦虑研究30年》,《国外外语教学》2007年第4期。

③ Horwitz, E. K., Horwitz, M. B. and Cope, J., "Foreign Language Classroom Anxiety", *The Modern Language Journal*, vol. 70, no. 2 (1986), pp.154-167.

④ 参见施渝、徐锦芬:《国内外外语焦虑研究四十年——基于29种SSCI期刊与12种CSSCI期刊40年(1972—2011)论文的统计与分析》,《外语与外语教学》2013年第1期。

⑤ 参见李炯英、李青:《我国外语焦虑研究:回顾与反思——基于外语类期刊近十年(2006—2015)论文的统计分析》,《外语界》2016年第4期。

⑥ MacIntyre, P. D., "An Overview of Language Anxiety Research and Trends in Its Development", *New Insights into Language Anxiety: Theory, Research and Educational Implications*, (2017), pp.11-30.

⑦ MacIntyre, P. D. and Gregersen, T. M., "Emotions That Facilitate Language Learning: The Positive-Broadening Power of the Imagination", *Studies in Second Language Learning and Teaching*, vol. 2, no. 2 (2012), pp.193-213.

⑧ 参见江桂英、李成陈:《积极心理学视角下的二语习得研究述评与展望》,《外语界》2017年第5期。

论、研究话题和研究方法，以期促进积极语言教育。[①] 德瓦勒（Dewaele）和李成陈梳理了外语情绪研究的三个发展阶段及其研究热点、研究方法和相关理论。[②] 李成陈、李嵬和江桂英从认识论和方法论出发，探讨现有外语情绪研究的不足，提出未来的研究方向。[③]

由此可见，外语情绪综述主要聚焦外语焦虑和整体外语情绪。但是外语焦虑的综述年代相对久远，无法反映最新的研究趋势，存在局限性。近年来的情绪综述主要从积极心理学视角回顾外语情绪研究，没有聚焦某一特定的积极情绪。研究发现，外语愉悦是外语学习中最常见的积极情绪，学习者通常同时感知到外语愉悦与焦虑这两种看似不可共存的情绪。[④] 因此，本文将梳理二者的起源和发展，回顾相关理论，总结主要研究主题，为未来的研究方向提出建议。

二、理论基础

外语焦虑与愉悦的研究主要受到情感过滤假说、拓展—建构理论和控制—价值理论的影响。其他理论如幸福感理论、EMPATHICS 模型及心流理论也掀起一阵外语情绪研究热潮。

（一）情感过滤假说

情感过滤假说由克拉申（Krashen）提出[⑤]，该假说指出情感对外语学习产生促进或阻碍作用，是外语学习不可或缺的变量之一。每位外

① 参见李成陈：《积极心理学视角下的二语习得研究：回顾与展望（2012—2021）》，《外语教学》2021 年第 4 期。

② 参见 Dewaele Jean-Marc、李成陈：《二语习得情绪研究前沿综述及展望》，《外语界》2020 年第 1 期。

③ 参见李成陈、李嵬、江桂英：《二语学习中的情绪研究：回顾与展望》，《现代外语》2024 年第 1 期。

④ Dewaele，J. M. and MacIntyre，P. D.，"Foreign Language Enjoyment and Foreign Language Classroom Anxiety: The Right and Left Feet of the Language Learner"，in P. D. MacIntyre，T. Gregersen and S. Mercer，eds.，Positive Psychology in SLA，Bristol: Multilingual Matters. (2016)，pp.215-236.

⑤ Krashen，S.，*Second Language Acquistion and Second Language Learning*，Oxford: Pergamon，1981，p.29.

语学习者都有一个情感过滤装置，根据动机、态度、自信心、焦虑等情感变量对语言输入进行过滤。其中，焦虑分为特质焦虑和情境焦虑，均对外语学习产生影响。动机较强、态度积极、自信心强以及焦虑程度低的外语学习者会获得更多的语言输入。受到此理论的影响，焦虑成为外语情绪研究初期的焦点。积极心理学进入外语教育领域后，外语情绪研究出现"积极转向"，开始关注积极情绪的促学作用。

（二）积极心理学

积极心理学由美国心理学家马斯洛提出①，塞利格曼（Seligman）和契克森米哈赖（Csikszentmihaly）在其基础上指出，积极心理学的目的是促进心理学的积极转向，即由修复问题转为塑造积极美好的品质②。积极心理学不否认问题的存在，而是主张关注积极因素，发挥其积极作用，消解消极因素的负面作用，提升个体幸福感。拓展—建构理论和控制—价值理论是积极心理学的主要理论。

1.拓展—建构理论

拓展—建构理论（broaden-build theory）③是积极心理学中最具代表性的理论，该理论指出积极情绪能拓展个体即时的思维—行动范畴。积极情绪有助于个体拓宽注意范围，提升专注力，培养创新思维，采取独创性努力；积极情绪能构建持久的资源，如智力资源、生理资源、心理资源和社会资源。这种"建构"的功能是在"拓展"的基础上实现的；积极情绪和"拓展—建构"相互影响，呈螺旋式上升，最终促进个体的发展。而消极情绪会缩减注意范围，妨碍其建构资源，长此以往，不利于个体健康发展。同时，该理论认为看似矛盾的积极情绪和消极情绪可

① ［美］马斯洛：《动机与人格》，许金声等译，华夏出版社 1987 年版，第 333—357 页。

② Seligman, M. E. and Csikszentmihalyi, M., "Positive Psychology: An Introduction", *American Psychologist*, vol. 55, no. 1 (2000), pp.5-14.

③ Fredrickson, B. L., "The Role of Positive Emotions in Positive Psychology: The Broaden-and-Build Theory of Positive Emotions", *American Psychologist*, vol. 56, no. 3 (2001), p.218.

以共生，积极情绪的正面作用可以消解消极情绪的负面作用。[①] 该理论强调积极情绪的价值，呼吁外语教育领域探究积极情绪和消极情绪的交互作用。

2.控制—价值理论

控制—价值理论（control-value theory）由佩克伦（Pekrun）提出[②]，主要包括以下内容：其一，情绪包含效价（积极与消极）、唤醒度（高唤醒与低唤醒）和目标导向（过程型与结果型）三个维度。外语愉悦与焦虑同属高唤醒的过程情绪，分别是积极情绪和消极情绪。其二，情绪受近端诱因和远端诱因的共同影响，对认知、动机和投入等产生作用。控制评价和价值评价是近端诱因。前者指学习者对学习过程或结果的可控程度评价；后者指对学习过程或结果的内在与外在价值评判。远端诱因包括目标结构等个体因素和自主支持等情境因素。

拓展—建构理论和控制—价值理论是积极心理学的"姐妹理论"。[③] 二者区分了积极情绪和消极情绪的作用，强调积极情绪的促学作用，但仍存在区别。[④] 第一，拓展—建构理论简单地将情绪分为正负性情绪，控制—价值理论从三个维度全面理解情绪。第二，前者讨论普遍情绪，后者探讨学业情绪。第三，前者仅说明情绪的影响，后者描述了情绪的起因结果。第四，前者提出积极情绪的作用可以消解消极情绪，后者未揭示二者的交互作用。二者各有优势，侧重不同，未来研究可以结合研究目的选择合适理论。

① Dewaele, J. M. and MacIntyre, P. D., "The Two Faces of Janus? Anxiety and Enjoyment in the Foreign Language Classroom", *Studies in Second Language Learning and Teaching*, vol. 4, no. 2 (2014), pp.237-274.

② Pekrun, R., "The Control-Value Theory of Achievement Emotions: Assumptions, Corollaries, and Implications for Educational Research and Practice", *Educational Psychology Review*, vol. 18, no.4 (2006), pp.315-341.

③ 参见 Dewaele Jean-Marc、李成陈：《二语习得情绪研究前沿综述及展望》，《外语界》2020 年第 1 期。

④ 参见李成陈、李嵬、江桂英：《二语学习中的情绪研究：回顾与展望》，《现代外语》2024 年第 1 期。

（三）其他理论

除上述主要理论外，PERMA 模型①、EMPATHICS 模型②和心流理论③等积极心理学其他理论也拓展了外语情绪研究的视角。同时，学界还陆续引入其他学科理论，如复杂动态系统理论④等。未来研究可以结合实际研究需要，选择适配理论，丰富外语情绪的研究视角。

三、外语焦虑与愉悦的发展

外语情绪研究主要分为三个阶段。⑤ 在第一阶段（20 世纪 60 年代早期至 20 世纪 80 年代中期），外语教育研究以认知语言学为导向，受重认知轻情绪的范式主导，强调理性思考和信息加工等认知因素的重要性，忽略情绪的作用，认为情绪研究不科学。⑥ 在第二阶段（20 世纪 80 年代中期至 21 世纪初），随着人本主义心理学的发展，外语情绪受到重视。研究者意识到认知和情绪不可分离，相辅相成⑦，外语焦虑成为这一时期的焦点⑧。积极心理学进入外语教育领域后，外语情绪研究过

① Seligman, M. E. and Csikszentmihalyi, M., "Positive Psychology: An Introduction", *American Psychologist*, vol. 55, no. 1 (2000), pp.5-14.

② Oxford, R. L., "Powerfully Positive: Searching for a Model of Language Learner Well-Being", in Gabryś-Barker, D. and Gatajda, D., eds., *Positive Psychology Perspectives on Foreign Language Learning and Teaching*, Switzerland: Springer International Publishing, 2016, pp.21-37.

③ Csikszentmihalyi, M., *Flow: The Psychology of Optimal Experience*, New York: Harper and Row, 1990.

④ Freeman, D. L. and Cameron, L., "Research Methodology on Language Development from a Complex Systems Perspective", *The Modern Language Journal*, vol. 92, no. 2 (2008). pp.200-213.

⑤ 参见 Dewaele Jean-Marc、李成陈：《二语习得情绪研究前沿综述及展望》，《外语界》2020 年第 1 期。

⑥ Prior, M. T., "Elephants in the Room: An 'Affective Turn', or Just Feeling Our Way?", *The Modern Language Journal*, vol. 103, no. 2 (2019), pp.516-527.

⑦ Swain, M., "The Inseparability of Cognition and Emotion in Second Language Learning", *Language Teaching*, vol. 46, no. 2 (2013), pp.195-207.

⑧ MacIntyre, P. D., "An Overview of Language Anxiety Research and Trends in Its Development", in Gkonou, C., Daubney, M. and Dewaele, J., eds., *New Insights into Language Anxiety: Theory, Research and Educational Implications*, Bristol, UK: Multilingual Matters, 2017, pp.11-30.

渡到第三阶段。在该阶段，焦虑以外的消极情绪，如无聊也开始受到关注。[①] 同时，关于积极情绪的研究大量涌现，其中以外语愉悦为代表。学者开始探讨积极情绪和消极情绪的共同作用。

（一）外语焦虑：外语情绪研究的焦点

焦虑源自心理学领域，是指“个体由于预期不能达到目标或者不能克服障碍的威胁，使得其自尊心与自信心受挫，或使失败感和内疚感增加而形成的紧张不安、带有恐惧感的情绪状态”[②]，分为特质焦虑（trait anxiety）和情境焦虑（state anxiety）[③]。特质焦虑是一种人格特征，较为稳定，和情境无关。而情境焦虑是在特定情境下产生的情绪体验，是一种短暂的状态，随着情境或时间而变化。麦金太尔和加德纳（Gardner）将外语焦虑视为情境焦虑[④]，由外语学习而产生，并非稳定的人格特征。麦金太尔将外语焦虑的研究分为三个时期，分别为困惑时期（cofounded approach）、专业化时期（specialized approach）和动态时期（dynamic approach）。[⑤]

在第一个时期，外语焦虑定义不明，测量方法不统一，研究结果互相矛盾。研究采取其他领域的方法测量外语焦虑，和语言学习无关。查斯坦（Chastain）使用 Sarason 考试焦虑量表和泰勒显性焦虑量表调查法语、德语和西班牙语学习者的焦虑情况和外语成绩的关系，未能得出较为一致的结论。[⑥] Sarason 考试焦虑量表用于测定考试焦虑，并未

① 参见李成陈：《情绪智力与英语学业成绩的关系探究——愉悦、焦虑及倦怠的多重中介作用》，《外语界》2020 年第 1 期。

② 王银泉、万玉书：《外语学习焦虑及其对外语学习的影响——国外相关研究概述》，《外语教学与研究》2001 年第 2 期。

③ Spielberger, C. D. and Reheiser, E. C., "Assessment of Emotions: Anxiety, Anger, Depression, and Curiosity", *Applied Psychology: Health and Well-Being*, vol.1, no. 3 (2009), pp.271-302.

④ MacIntyre, P. D., "An Overview of Language Anxiety Research and Trends in Its Development", in Gkonou, C., Daubney, M. and Dewaele, J., eds., *New Insights into Language Anxiety: Theory, Research and Educational Implications*, Bristol, UK: Multilingual Matters, 2017, pp.11-30.

⑤ MacIntyre, P. D., "An Overview of Language Anxiety Research and Trends in Its Development", *New Insights into Language Anxiety: Theory, Research and Educational Implications*, (2017), pp.11-30.

⑥ Chastain, K., "Affective and Ability Factors in Second-Language Acquisition", *Language Learning*, vol. 25, no. 1 (1975), pp.153-161.

突出外语学习的独特性；而泰勒显性焦虑量表用于测定特质焦虑，更是和外语学习的情境相差甚远。因此，司考沃(Scovel)指出外语焦虑不是一个简单的心理概念，应在外语情境中考察[①]，该研究被认为是外语焦虑研究的转折点[②]。此后，相关研究开始关注外语教育中焦虑的独特性。

在第二个时期，外语焦虑的研究进入专业化时期。加德纳指出外语焦虑是语言学习情境下产生的特定情绪，和外语学业成就有关。[③] 基于此研究，霍维茨等人提出外语焦虑这一概念，指出不同于特质焦虑，"外语焦虑"由外语学习的独特性而产生，是自我认知、信念、感受和行为的复合体，并编制了外语课堂焦虑量表[④]，其信度和效度得到验证[⑤]。部分研究对其进行修正，探讨不同文化背景下或不同群体的外语焦虑。也有研究探讨不同语言技能中焦虑的来源和影响[⑥]，但是这些研究侧重与语言学习直接相关的情感体验，探究焦虑对语言学习效果和语言使用的影响，没有关注影响外语学习者的潜在外部因素。

在第三个时期，外语焦虑研究考察外语焦虑和其他因素的交互及其动态变化。外语焦虑受到学习者和教师等其他因素的影响[⑦]；外语焦虑的水平并非一成不变，而是处于波动状态。黄冬梅调查了翻转课堂对外语焦虑的影响，发现学生的焦虑水平在前半学期较高，后半学期呈下降趋

① Scovel, T., "The Effect of Affect on Foreign Language Learning: A Review of the Anxiety Research", *Language Learning*, vol. 28, no. 1 (1978), pp.129-142.

② Horwitz, E. K., "Foreign and Second Language Anxiety", *Language Teaching*, vol. 43, no. 2 (2010), pp.154-167.

③ Gardner, R. C., *Social Psychology and Second Language Learning: The Role of Attitudes and Motivation*, London: E. Arnold, 1985, pp.33-35.

④ Horwitz, E. K., Horwitz, M. B. and Cope, J., "Foreign Language Classroom Anxiety", *The Modern Language Journal*, vol. 70, no. 2 (1986), pp.125-132.

⑤ Horwitz, E. K., "Preliminary Evidence for the Reliability and Validity of a Foreign Language Anxiety Scale", *TESOL Quarterly*, vol. 20, no. 3 (1986), pp.559-562.

⑥ Saito, Y., Garza, T. J. and Horwitz, E. K., "Foreign Language Reading Anxiety", *The Modern Language Journal*, vol.83, no.2 (1999), pp.202-218.

⑦ Dewaele, J. M., Witney, J., Saito, K. and Dewaele, L., "Foreign Language Enjoyment and Anxiety: The Effect of Teacher and Learner Variables", *Language Teaching Research*, vol. 22, no. 6 (2017), pp.676-697.

势。这一变化受到学习主题、课堂任务类型和人际关系等因素的影响。[①]

(二)外语愉悦:外语情绪研究的新秀

积极心理学进入外语教育领域后,外语情绪研究出现了"积极转向",积极情绪研究如火如荼,其中以外语愉悦为代表。塞利格曼和契克森米哈赖区分了愉悦(enjoyment)和愉快(pleasure)这两个概念。[②]当需求或欲望得到满足时,如填饱肚子或赢得比赛,人们会感到愉快;而愉悦是一种更为复杂的情感体验,人们不仅关注自己的欲望是否得到满足,更加关注挑战过程中的成就感、幸福感和个人成长。早在2007年,毛浩然便指出以往研究大多关注焦虑,并探讨了成人学习者愉悦情绪对英语情感词汇记忆的效应[③],极具前瞻性。德瓦勒和麦金太尔明确提出外语愉悦的概念,认为外语愉悦有助于激发探索欲等积极心理,从而拓展语言技能。

对外语愉悦的关注引发了新的问题:外语焦虑与愉悦的关系如何?对此,学者已得出较为一致的结果。外语焦虑和愉悦不是"雅努斯的两张面孔",无法共存[④],也不是"跷跷板的两端",一方高时另一方一定会低[⑤]。二者呈轻微负相关,是独立的两个维度,可以共存[⑥],学习者有可能同时感知到高水平或低水平的焦虑和愉悦情绪。因此,之后的研究大多同时探究二者在外语教育中的作用。

① 参见黄冬梅:《翻转课堂对大学生英语学习焦虑影响的实证研究》,《解放军外国语学院学报》2021年第5期。

② Seligman, M. E. and Csikszentmihalyi, M., "Positive Psychology: An Introduction", *American Psychologist*, vol. 55, no. 1 (2000), pp.5-14.

③ 参见毛浩然:《愉悦情绪对英语情感词汇记忆的效应》,《福建师范大学学报》(哲学社会科学版)2007年第4期。

④ Dewaele, J. M. and MacIntyre, P. D., "The Two Faces of Janus? Anxiety and Enjoyment in the Foreign Language Classroom", *Studies in Second Language Learning and Teaching*, vol. 4, no. 2 (2014), pp.237-274.

⑤ Dewaele, J. M. and MacIntyre, P. D., "Foreign Language Enjoyment and Foreign Language Classroom Anxiety: The Right and Left Feet of the Language Learner", in P. D. MacIntyre, T. Gregersen and S. Mercer, eds., *Positive Psychology in SLA*, Bristol: Multilingual Matters, 2016, pp.215-236.

⑥ Dewaele, J. M. and MacIntyre, P. D., "The Two Faces of Janus? Anxiety and Enjoyment in the Foreign Language Classroom", *Studies in Second Language Learning and Teaching*, vol. 4, no. 2 (2014), pp.237-274.

四、主要研究内容

基于最新文献，我们梳理了以下四项主要研究主题：外语焦虑与愉悦的量表研制、影响因素、与其他变量的关系及其动态发展。

（一）量表研制

霍维茨等人编制了外语焦虑量表（Foreign Language Classroom Anxiety，FLCAS）。[①] 该量表共33个题项，包括可能引起外语焦虑的三个因素，分别为交际恐惧（communication apprehension）、考试焦虑（test anxiety）和负面评价恐惧（fear of negative evaluation）。之后，霍维茨证实外语焦虑不是特质焦虑，掀起外语焦虑研究热潮。[②] 部分研究基于该量表，探索不同外语学习者的焦虑来源。例如，爱达（Aida）使用该量表调查了日语学习者的焦虑，发现构成日语学习焦虑的四个因素：言语焦虑与负面评价恐惧（speech anxiety and fear of negative evaluation）、对不及格的恐惧（fear of failing）、与日本母语者交谈的舒适程度（comfortableness in speaking with native Japanese）以及对日语课堂的消极态度（negative attitudes towards Japanese class）。[③] 而后，德瓦勒和麦金太尔将原有量表缩减为8个题项[④]，经过波特斯（Botes）等人的信度验证[⑤]，确认该量表的可靠性和有效性较高，为后来的研究所广泛引用。[⑥] 另外，针对语言

① Horwitz，E. K.，Horwitz，M. B. and Cope，J.，"Foreign Language Classroom Anxiety"，*The Modern Language Journal*，vol. 70，no. 2（1986），pp.125-132.

② Horwitz，E. K.，"Preliminary Evidence for the Reliability and Validity of a Foreign Language Anxiety Scale"，*TESOL Quarterly*，vol. 20，no. 3（1986），pp.559-562.

③ Aida，Y.，"Examination of Horwitz，Horwitz，and Cope's Construct of Foreign Language Anxiety：The Case of Students of Japanese"，*The Modern Language Journal*，vol.78，no. 2（1994），pp.155-168.

④ Dewaele，J. M. and MacIntyre，P. D.，"The Two Faces of Janus? Anxiety and Enjoyment in the Foreign Language Classroom"，*Studies in Second Language Learning and Teaching*，vol. 4，no. 2（2014），pp.237-274.

⑤ Botes，E.，Van Der Westhuizen，L.，Dewaele，J. M.，MacIntyre，P. D. and Greiff，S，"Validating the Short-Form Foreign Language Classroom Anxiety Scale"，*Applied Linguistics*，vol. 43，no. 5（2022），pp.1006-1033.

⑥ Jiang，Y. and Dewaele，J. M，"How Unique Is the Foreign Language Classroom Enjoyment and Anxiety of Chinese EFL Learners?"，*System*，vol. 82（2019），pp.13-25.

的不同技能，一批研究者研制出不同的焦虑量表，包括听力焦虑[①]、口语焦虑[②]、写作焦虑[③]、阅读焦虑[④]和口译焦虑[⑤]等。

德瓦勒和麦金太尔探究了外语愉悦的概念结构，编制了外语愉悦量表，考察影响外语愉悦的社会因素（如课堂环境）和个人因素（如成就感）。[⑥] 德瓦勒和麦金太尔在保留原有结构的基础上对量表进行缩减。[⑦] 德瓦勒等人增加了"以同伴/教师为主导的积极氛围"这一维度。[⑧] 李成陈等人通过因子分析，研制出符合中国外语教育情境的愉悦量表，包含个人、教师和氛围三个维度。[⑨] 同样，也有研究针对特定语言技能研制愉悦量表。李成陈等人编制验证了外语写作愉悦和无聊量表。[⑩] 未来研究可以深入探讨不同文化背景下不同群体在特定语言技能中的焦虑和愉悦情绪。

（二）影响因素

外语焦虑与愉悦受到学习者自身和外部因素的影响。学习者自身因素包括生理（如性别）和性格等因素。德瓦勒和麦金太尔调查了来自

① Zhang, X., "Foreign Language Listening Anxiety and Listening Performance: Conceptualizations and Causal Relationships", *System*, vol. 41, no. 1 (2013), pp.164-177.

② Woodrow, L., "Anxiety and Speaking English as a Second Language," *RELC Journal*, vol. 37, no. 3 (2006), pp.308-328.

③ Cheng, Y. S., "A Measure of Second Language Writing Anxiety: Scale Development and Preliminary Validation", *Journal of Second Language Writing*, vol. 13, no. 4 (2004), pp.313-335.

④ Saito, Y., Garza, T. J. and Horwitz, E. K., "Foreign Language Reading Anxiety", *The Modern Language Journal*, vol.83, no.2 (1999), pp.202-218.

⑤ 参见董燕萍、陈焕鹏、余志斌：《口译焦虑量表的研制》，《外语界》2013 年第 6 期。

⑥ Dewaele, J. M. and MacIntyre, P. D., "The Two Faces of Janus? Anxiety and Enjoyment in the Foreign Language Classroom", *Studies in Second Language Learning and Teaching*, vol. 4, no. 2 (2014), pp.237-274.

⑦ Dewaele, J. M. and MacIntyre, P. D., "Foreign Language Enjoyment and Foreign Language Classroom Anxiety: The Right and Left Feet of the Language Learner", in P. D. MacIntyre, T. Gregersen and S. Mercer, eds., *Positive Psychology in SLA*, Bristol: Multilingual Matters, 2016, pp.215-236.

⑧ Dewaele, J. M. and Dewaele, L., "The Dynamic Interactions in Foreign Language Classroom Anxiety and Foreign Language Enjoyment of Pupils Aged 12 to 18: A Pseudo-Longitudinal Investigation", *Journal of the European Second Language Association*, vol. 1, no. 1 (2017), pp.12-22.

⑨ Li, C., Jiang, G. and Dewaele, J.-M., "Understanding Chinese High School Students' Foreign Language Enjoyment: Validation of the Chinese Version of the Foreign Language Enjoyment Scale", *System*, vol. 76 (2018), pp.183-196.

⑩ Li, C., Li, W. and Lu, X., "Contributions of Foreign Language Writing Emotions to Writing Achievement", *System*, vol. 116 (2023), pp.1-15.

世界各地1746名多语学习者，发现女性的焦虑和愉悦水平高于男性，这可能是因为女性在外语学习中更加感性，情绪起伏更大。[①] 这一差异并不是在所有方面都显著。[②] 具体而言，相较于男性，女性在使用外语时尤其担心犯错误，缺乏自信。但同时，女性也会体验到更加丰富的积极情绪，例如乐趣、自豪、愉悦、兴奋和兴趣。德瓦勒和麦金太尔发现在五种人格特征中，文化移情（cultural empathy）对外语愉悦的预测作用最强，而情绪稳定（emotional stability）和社交主动性（social initiative）会对外语焦虑产生较强的预测作用。[③]

学习者外部因素包括教师等因素。德瓦勒等人调查了伦敦两所学校的189名学生，发现外语焦虑与愉悦的影响因素不完全相同。[④] 两者都受到成绩排名和外语水平的影响，但是相较于外语焦虑，外语愉悦受到教师因素的影响更大。学习者对教师的喜爱程度、教师目的语使用频率、教师的友好度和幽默度等因素和外语愉悦呈正相关，和外语焦虑无显著相关。这从侧面说明外语焦虑与愉悦是两个独立的维度。德瓦勒等人进一步探索了教师因素对外语学习者愉悦和焦虑情绪的影响，发现学生在面对不同的老师时，焦虑水平没有变化，而愉悦水平存在较大差异[⑤]，再次印证外语愉悦受教师影响较大，外语焦虑受自身因素影响更大这一结论。

① Dewaele, J. M. and MacIntyre, P. D., "The Two Faces of Janus? Anxiety and Enjoyment in the Foreign Language Classroom", *Studies in Second Language Learning and Teaching*, vol. 4, no. 2 (2014), pp.237-274.

② Dewaele, J. M., MacIntyre, P. D., Boudreau, C. and Dewaele, L., "Do Girls Have All the Fun? Anxiety and Enjoyment in the Foreign Language Classroom", *Theory and Practice of Second Language Acquisition*, vol. 2, no. 1 (2016), pp.41-63.

③ Dewaele, J. M. and MacIntyre, P. D, "The Predictive Power of Multicultural Personality Traits, Learner and Teacher Variables on Foreign Language Enjoyment and Anxiety", in Masatoshi Sato, Shawn Loewen , eds., *Evidence-Based Second Language Pedagogy*, London: Routledge, 2019, pp.263-286.

④ Dewaele, J. M., Witney, J., Saito, K. and Dewaele, L., "Foreign Language Enjoyment and Anxiety: The Effect of Teacher and Learner Variables", *Language Teaching Research*, vol. 22, no. 6 (2017), pp.676-697.

⑤ Dewaele, J. M. and Dewaele, L., "Are Foreign Language Learners' Enjoyment and Anxiety Specific to the Teacher? An Investigation into the Dynamics of Learners' Classroom Emotions", *Studies in Second Language Learning and Teaching*, vol. 10, no. 1 (2020), pp.45-65.

学习者外语焦虑与愉悦的因素影响机制存在社会文化差异。在中国版外语愉悦量表中，教师因素尤为重要。姜艳发现影响中国大学生外语愉悦的教师因素主要包括教师课堂组织活动、个性特征、教学技能、教学内容和教师支持。① 此外，在外语焦虑与愉悦的影响因素中，中国外语学习者较为抵触教师的不可预测性行为②，而英国学生却对此持积极态度③。未来研究可以深入探索不同文化背景下外语学业情绪的影响机制。

（三）与其他变量的关系

外语焦虑与愉悦和个体内外因素的关系是当下研究的热点。雷斯尼克（Resnik）和德瓦勒发现学习者的特质——情绪智力和外语焦虑呈负相关，和外语愉悦呈正相关。④ 李斑斑等人探究了外语思维模式和外语焦虑及愉悦的关系，发现成长型思维模式的学习者愉悦水平最高，焦虑水平最低，固定型学习者情况相反。⑤ 王毓琦调查发现外语坚毅通过外语焦虑和愉悦对交际意愿产生影响。⑥ 张茜和王建华发现外语学习投入和教师支持及外语愉悦呈正相关，和外语焦虑呈负相关，和外语无聊无明显相关。⑦ 其他变量包括学习动机⑧和自我效能感⑨等。未来研

① 参见姜艳：《影响中国大学生外语愉悦的教师因素研究》，《外语界》2020 年第 1 期。

② Jiang, Y. and Dewaele, J. M., "How Unique Is the Foreign Language Classroom Enjoyment and Anxiety of Chinese EFL Learners?", *System*, vol. 82 (2019), pp.13-25.

③ Dewaele, J. M. and Dewaele, L., "Are Foreign Language Learners' Enjoyment and Anxiety Specific to the Teacher? An Investigation into the Dynamics of Learners' Classroom Emotions", *Studies in Second Language Learning and Teaching*, vol. 10, no. 1 (2020), pp.45-65.

④ Resnik, P. and Dewaele, J. M., "Trait Emotional Intelligence, Positive and Negative Emotions in First and Foreign Language Classes: A Mixed-Methods Approach", *System*, vol. 94 (2020), pp.1-17.

⑤ 参见李斑斑、马利红、曾亚岚、张军：《二语思维模式与外语情感之关系的潜在剖面分析》，《现代外语》2023 年第 4 期。

⑥ 参见王毓琦：《二语坚毅与交际意愿的关系探究——外语愉悦与焦虑的中介效应》，《现代外语》2023 年第 1 期。

⑦ 参见张茜、王建华：《教师支持与大学生外语学习投入的关系探究——学业情绪的多重中介作用》，《中国外语》2023 年第 5 期。

⑧ Dong, L., Liu, M. and Yang, F., "The Relationship Between Foreign Language Classroom Anxiety, Enjoyment, and Expectancy-Value Motivation and Their Predictive Effects on Chinese High School Students' Self-Rated Foreign Language Proficiency", *Frontiers in Psychology*, vol. 13 (2022), pp.1-13.

⑨ Xu, Y. and Liu, M., "Relations among and Predictive Effects of Anxiety, Enjoyment and Self-Efficacy on Chinese Interpreting Majors' Self-Rated Interpreting Competence", *Education Sciences*, vol. 13, no.5 (2023), pp.1-17.

究可以深入考察其他因素和外语焦虑与愉悦之间的关系。

学业成绩作为外语学习效果最直接的表现，始终是外语教育研究的焦点。德瓦勒和阿尔法扎(Alfawza)发现外语愉悦对学业成绩的积极作用比焦虑的消极作用更强[①]，但是李成陈、德瓦勒和江桂英的研究结果与之相反[②]，这可能是由于两项研究中参与者的外语水平不同。除了线下课程，李成陈和韩晔调查了外语学习者在网课学习中焦虑、愉悦和无聊情绪对学习成效的预测作用，发现愉悦对实际考试成绩和自评学习成效均有显著正向预测作用，而焦虑和无聊对二者有负向预测作用。[③] 李成陈等人通过回归分析发现无聊对写作水平负面影响最大，其次是愉悦对写作水平的正面影响，焦虑的负面作用不显著。[④]

此外，有研究将外语愉悦与焦虑作为中介变量，研究二者在其他变量和学业成绩中的作用。李成陈发现外语愉悦、焦虑和倦怠在情绪智力和英语学习成绩中起多重平行中介作用。[⑤] 韦晓保等人发现课堂环境和外语坚毅通过外语愉悦、焦虑和无聊间接预测英语学业成绩。[⑥]

考虑到研究的可行性，目前的研究大多通过自评成绩和考试成绩衡量学习成效，较为片面，可能无法准确判断个体的学业成就。未来研究可以利用更加多样、科学的评估方式。

(四)动态发展

受到复杂系统动态理论的影响，外语教育领域开始关注情绪的动

① Dewaele, J. M. and Alfawzan, M., "Does the Effect of Enjoyment Outweigh That of Anxiety in Foreign Language Performance?", *Studies in Second Language Learning and Teaching*, vol. 8, no. 1 (2018), pp.21-45.

② Li, C., Dewaele, J. M. and Jiang, G., "The Complex Relationship Between Classroom Emotions and EFL Achievement in China", *Applied Linguistics Review*, vol. 11, no. 3 (2020), pp. 485-510.

③ 参见李成陈、韩晔:《外语愉悦、焦虑及无聊情绪对网课学习成效的预测作用》,《现代外语》2022 年第 2 期。

④ Li, C., Li, W. and Lu, X., "Contributions of Foreign Language Writing Emotions to Writing Achievement", *System*, vol. 116 (2023), pp.1-15.

⑤ 参见李成陈:《情绪智力与英语学业成绩的关系探究——愉悦、焦虑及倦怠的多重中介作用》,《外语界》2020 年第 1 期。

⑥ 参见韦晓保、彭剑娥、秦丽莉、杨连瑞:《课堂环境、二语坚毅与英语学业成绩的关系——学业情绪的中介作用》,《现代外语》2024 年第 1 期。

态发展。该理论强调跟踪动态系统中的模式,解释变化和增长。布德罗(Boudreau)等人采取个体动态法(idiodynamic approach),以秒为单位考察10名法语学习者在口语问答和故事讲述过程中外语焦虑与愉悦水平的动态变化,发现二者关系极其不稳定,完全不可预测。参与者可能此刻愉悦水平高,焦虑水平低,几秒钟后完全相反。① 德瓦勒等人调查了三个年龄段(12～13岁、14～15岁和16～18岁)外语学习者的焦虑和愉悦水平,发现焦虑水平基本一致,愉悦水平总体呈小幅上升。② 基于动态系统理论,德瓦勒和帕韦莱斯库(Pavelescu)对两位外语学习者进行一学期的跟踪调查,发现愉悦和焦虑情绪因个体内外部因素而发生变化,动态影响交际意愿。③

五、未来研究方向

目前,外语教育领域对外语焦虑与愉悦的情绪研究已取得较为丰硕的成果,但仍然存在问题,本节将分析问题,并有针对性地提出建议,以期促进外语情绪研究的发展。

其一,研究方法较为主观。主要依赖自陈式量表和回顾性描述,不够精确。未来研究可以引入更加客观的方式,例如功能性近红外成像超扫描、脑电和眼动等,增强数据的说服力和解释性。

其二,研究对象较为单一。大多数研究以英语学习者为研究对象,以高中生和本科生为主。未来研究可以调查汉语学习者的情绪。除汉

① Boudreau, C., MacIntyre, P. and Dewaele, J. M., "Enjoyment and Anxiety in Second Language Communication: An Idiodynamic Approach", *Studies in Second Language Learning and Teaching*, vol. 8, no. 1 (2018), pp.149-170.

② Dewaele, J. M. and Dewaele, L., "The Dynamic Interactions in Foreign Language Classroom Anxiety and Foreign Language Enjoyment of Pupils Aged 12 to 18: A Pseudo-Longitudinal Investigation", *Journal of the European Second Language Association*, vol. 1, no. 1 (2017), pp.12-22.

③ Dewaele, J. M. and Pavelescu, L. M, "The Relationship Between Incommensurable Emotions and Willingness to Communicate in English as a Foreign Language: A Multiple Case Study", *Innovation in Language Learning and Teaching*, vol.15, no. 1 (2021), pp.66-80.

语母语者外，汉语学习者主要包括来华留学生和少数民族学生，关注他们在汉语学习中的情绪可以丰富外语情绪研究。同时，如今小学生和初中生也面临着较大的升学压力，其情绪和情绪调节策略值得探究。

其三，研究情境较为单一。主要集中在课堂，除了课堂，其他外语使用或学习的情境研究较少。未来研究可以考察课外辅导、家庭辅导、实习实践等情境中的外语焦虑和愉悦情绪。

其四，研究内容可以进一步深化。积极心理学是"'储油量'极其丰富、尚待开采的'油田'"[①]。目前情绪在外语研究中被关注最多，未来研究可以探讨其他积极心理学话题，例如心流、投入和自主等。除了学习者，教师的情绪同样需要关注。情绪具有互动性和传染性，教师的情感可以影响学生的情感，构建良好的课堂氛围，进而对外语教育产生影响。

六、结语

本文回顾了外语焦虑与愉悦的研究，梳理了二者的发展过程、理论基础、研究内容和未来研究方向。虽然外语焦虑与愉悦相关研究蓬勃发展，但仍处于发展期，有巨大潜力。未来研究应继续关注外语教育中的情绪，融合多样化理论，丰富研究内容，解决外语教育中的实际问题，为外语教育者和学习者提供更有效的教学策略和支持。

① 李成陈：《积极心理学视角下的二语习得研究：回顾与展望（2012—2021）》，《外语教学》2021年第4期。

韩国中文教学国际学术研讨会专栏

韩国在线中文教育机构学习者课程使用意愿实证研究*

蔡　燕　曹恩二　张梦瑶**

【摘要】 在线中文教育机构是韩国学习者重要的中文学习途径之一,而目前关于韩国在线中文教育机构学习者学习心理方面的研究较为匮乏。本研究首先多方位了解韩国在线中文教育机构的发展现状;其次以技术接受模型为理论框架,探讨学习者对在线课程的使用意愿及内外部影响因素的作用机制。研究发现,感知有用性和感知易用性对使用意愿均有显著影响力,课程质量会直接显著影响使用意愿,感知互动性和技术支持会透过课程质量间接影响感知有用性和感知易用性。因此,持续研发精准而丰富的学习内容,辅之以贴心的在线课程服务和有助于交互的教育技术支持,是提高在线中文教育机构学习者课程使用意愿的有效策略。

【关键词】 韩国在线中文教育机构;韩国中文学习者;使用意愿;影响因素

一、引言

2020年上半年,疫情期间的韩国教育服务业的营业额和就业率均有所下降,但与线上授课有关的职业和在线教育服务使用率却明显增

* 本文系中外语言交流合作中心国际中文教育研究课题"基于技术接受模型的中文学习者线上课程学习意愿研究"(项目批准号:21YH23C)、世界汉语教学学会全球中文教育主题学术活动资助计划"国际中文智慧教育背景下学习者线上学习投入实证研究"(项目批准号:SH23Y15)、山东大学2023年度教育教学改革研究一般项目"基于虚拟学习社区的汉语通识课程创新案例与实证研究"(项目批准号:2023Y082)阶段性成果。

** 作者简介:蔡燕,山东大学国际教育学院教授,硕士生导师;曹恩二(Cho eunyi),韩国釜山中国签证服务中心职员;张梦瑶,世纪天鸿教育科技股份有限公司管培生。

加。在疫情发生之前,韩国就有不少在线中文教育机构,语法和汉语水平考试(HSK)等在线课程尤其受到青睐。在疫情的影响下,网上学习中文的人数日益增加,韩国国内涌现出了更多具有多元授课方式的线上中文学习平台。在韩国搜索引擎 Naver 上搜索出来的在线中文教育机构有 Hackers 中文、YBM 中文、Siwon School 中文、好吃的中文、China 谈、文井我中文和彩虹中文等。以文井我中文平台为例,作为韩国最知名的在线中文教育机构之一,该平台 2015 年已有学员 23 万多名[①],2019 年已超过 40 万[②]。透过这一现象,我们可以发现韩国在线中文教育机构的市场正日渐扩大。

在此背景下,开展有关韩国在线中文教育机构及学习者课程学习心理方面的研究具有一定价值。本文将多方位分析韩国在线中文教育机构发展现状,对其教学模式进行概括。同时,以技术接受模型(Technology Acceptance Model,TAM)为理论框架,探讨学习者对在线课程的使用意愿及内外部影响因素的作用机制。本文的意义在于:第一,增强学习者在线学习规律的认识,为思考技术赋能国际中文教育的创新发展问题提供理论支撑和科学依据;第二,把握韩国学习者对在线中文教育机构使用的偏好,分析在线中文教育机构的优势与不足,为优化在线中文教育机构的功能与服务,提高机构竞争力和促进可持续发展提出建议。

二、研究综述

(一)学习者线上课程使用意愿相关研究

线上教育发展迅猛,学界掀起了对线上教育相关问题的研究热潮。

① 김병수:《[PEOPLE] “ 중국어 인강 스타 ” 문정아 ㈜문정아중국어연구소장 | 중국어 소통강의로 국내 정상에 》,2015 年 4 月 22 日,https://www.mk.co.kr/economy/view/2015/375051。

② 차미혜:《미국도 “문정아중국어” 열풍 예고...북미 전화중국어 서비스 론칭》,2019 年 12 年 19 日,http://www.asiaa.co.kr/news/articleView.html? idxno=2006。

对在线教育课程使用意愿方面的研究也取得了丰硕的成果。杨根福构建了慕课(Massive Open Online Courses,MOOC)用户持续使用意愿影响因素研究模型,发现慕课的内容质量对感知有用性有直接影响,并通过感知有用性对持续使用意愿产生间接影响。[①] 戴卓以感知有用性和感知易用性为自变量,使用意愿为因变量,态度为中介变量,大五人格为调节变量,探究高校学生使用网络教学平台的意愿。[②] 但先前针对线上使用意愿的相关研究更多聚焦在一般场景下,在疫情发生后探究韩国中文学习者对于在线中文课程使用意愿的研究较少,影响因素的作用机制也有待进一步深入。

(二)基于技术接受模型的相关研究

技术接受模型是由戴维斯(Davis)于1989年提出的。[③] 该模型将感知易用性(Perceived Ease of Use,PEOU)和感知有用性(Perceived Usefulness,PU)设定为潜在变量,主要用于探索用户对某种信息技术的态度,进而预测他们的行为意向,解释他们的行为态度。技术接受模型自提出后,长期以来被认为是研究用户对信息技术接受程度的理论典范。[④]

在有关网络学习领域的研究中,已有不少学者根据自身研究主题,选择外部影响因素,探讨TAM中各相关变量之间的作用机制。陈欣将技术接受模型引入中国慕课课程研究,通过加入系统质量、信息质量、感知参与性和自我效能感四个变量,建立了慕课用户接受影响因素模型,并发现信息质量对用户感知有用性存在重要影响。[⑤]黄小花基于技术接受模

① 参见杨根福:《MOOC用户持续使用行为影响因素研究》,《开放教育研究》2016年第1期。

② 参见戴卓:《高校学生使用网络教学平台的意愿研究——一个受调节的中介模型》,《管理评论》2016年第9期。

③ Fred D. Davis, "Perceived Usefulness, Perceived Ease of Use, and User Acceptance of Information Technology", *MIS Quarterly*, vol. 13, no. 3 (1989), pp.319-340.

④ Andrew Dillion and Michael G. Morris, "User Acceptance of Information Technology: Theories and Models", *Annual Review of Information Science and Technology*, vol. 31, no. 3 (1996), pp.3-32.

⑤ 参见陈欣:《国内MOOC用户接受影响因素研究》,《计算机教育》2016年第4期。

型与技术接受和使用整合理论(Unified Theory of Acceptance and Use of Technology,UTAUT),探究影响慕课使用意愿的主要因素,研究显示,感知因素、社会因素、促成条件三者与慕课学习意愿呈正向关系。①黄丽满以感知有用性、感知易用性、感知风险、感知愉悦性、自我效能和主观规范为变量,运用技术接受模型,探究了高校学生对5G技术应用于教育领域的接受程度。②

三、韩国在线中文教育机构教学模式现状

使用Naver、Google及YouTube三个网站,搜索有关韩国在线中文教育机构的信息,挑选了10个使用人数较多的机构。其教学模式大概可分成三种类型:第一类是传统的线上教学模式,即单向型,指的是机构只提供录播课程,学生观看录播视频进行学习。大部分的韩国线上机构采用单向型的教育模式,这种模式下师生的交流比较有限。第二类是双向型,指的是机构采用直播课程的方式,学生能与老师进行实时的沟通交流。这种教学模式以一对一的会话课居多。第三类是混合型,机构利用录播课和直播课两种模式开展课程教学。如Langdy的教学模式是让学生先用录播课预习,之后老师通过网络电话上课。一般会利用微信或者Kakaotalk的语音通话功能,老师在课堂上能立即纠正学生的错误。学生提交作业后,次日可以用Langdy软件查询老师的反馈。大部分的韩国在线中文教育机构通过语音通话作为教学媒介组织课程,在韩国简称为"中文通话课程"或"专门电话中文课程"。也有机构,如名家中文用Skype聊天软件和画像黑板技术开展视频直播教学。

① 参见黄小花:《高职生慕课学习意愿影响因素实证研究》,《电脑与电信》2019年第4期。
② 参见黄丽满:《基于技术接受模型的5G教育应用研究——以珠三角高校为例》,《广州广播电视大学学报》2020年第4期。

为提升自身竞争力，不少机构会采用双向型教学模式来解决单向型教学模式师生交流有限的问题，以吸引更多的学习者使用在线课程。一般来说，一个在线中文教育机构会采用一种教学模式，但也有机构会采用两种方式，如文井我中文、China谈等。

四、研究设计

（一）研究问题

本研究通过问卷调查，旨在回答以下问题：第一，韩国中文学习者对在线中文课程的使用意愿如何？第二，不同年龄、性别、职业、学习时长的学习者在线中文课程使用意愿是否存在差异？第三，不同线上机构的韩国中文学习者之间，使用意愿是否存在差异？第四，感知有用性、感知易用性、感知互动性、内容质量和技术支持五个因素如何影响学习者的使用意愿？

（二）调查对象

本研究的调查对象为使用过或正在使用韩国在线中文教育机构的韩国中文学习者。本次调查者共172人，其中女性140人，男性32人；年龄分布主要集中在20～30岁，占总调查人数的80.81%。总体来说，研究样本多样性较好，在中文学习时长、中文水平、学历、学习课程等级等方面的各个层次均有分布。

（三）研究情况

1.研究模型与调查问卷

本研究基于戴维斯的TAM模型来构建模型和假设。原始模型中涉及了两个主要的因素：一是感知有用性，反映一个人认为使用一个具体的系统能够提高工作业绩的程度；二是感知易用性，反映一个人认为容易使用一个具体系统的程度。据此，我们提出假设：感知有用性和感知易用性直接影响使用意愿。基于文献,我们引入内容质量(Content Quality,CQ)、技术支持(Technology Support, TS)和感知互动性(Perceived Interactivity,PI)三个外部变量,考察三者是否影响感知有用性和感知易用性,以及能否以感知有用性和感知易用性为中介变量,影响使用意愿。基于 TAM 的韩国在线中文教育机构学习者使用意愿模型如图 1 所示。

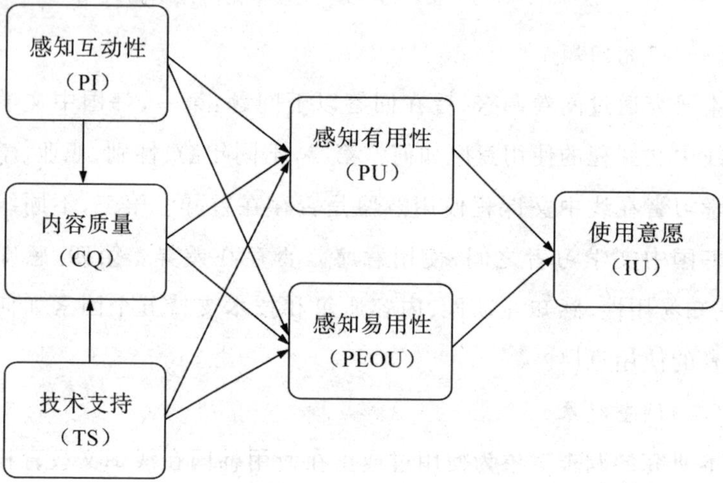

图 1　基于 TAM 的韩国在线中文教育机构学习者使用意愿模型

调查问卷共分为两个部分。第一部分为个人基本信息,共 12 道题,涉及性别、年龄、职业、学历与学习时间等。第二部分为使用意愿及其影响因素的调查,共 24 道题,包括感知有用性(PU)、感知易用性(PEOU)、使用意愿(IU)、感知互动性(PI)、技术支持(TS)和内容质量(CQ)。问题的答案采用李克特(Likert)7 级量表的形式填写,1=完全不符合我的情况,2=几乎不符合我的情况,3=比较不符合我的情况,4=有一些符合我的情况,5=比较符合我的情况,6=符合我的情况,7=非常符合我的情况。

2.访谈内容和访谈对象

根据调查问卷的内容拟定访谈提纲,包括访谈对象的基本信息及其对线上课程的态度,还涉及学习者选择在线中文教育机构的主要理由、上过的课程类型等方面。为了补充说明调查结果,对课程因素、技术因素、学习者因素及教师因素有关的内容也进行了访谈。

访谈对象共7人,选取的是上过不同机构、不同类型课程的学习者。4人选择过单向型机构,1人选择过双向型机构,2人选择过混合型机构。上过的中文课程类型主要有中文会话、HSK辅导、中文商务会话、高考中文,同时涉及初级、中级、高级不同水平的课程。

(四)信度和效度检验

将所有数据导入SPSS 22.0进行统计、分析和处理。各维度项目总相关均大于0.3,题目与题目之间的皮尔逊相关系数(Pearson correlation coefficient)均大于0.3,修正后的项目总相关均大于0.5。克隆巴赫系数(Cronbach's alpha)均大于0.7。问卷的信度指标均达到建议标准。

进一步对数据进行效度分析,结果如表1所示。对角线粗体字为平均提取方差值(Average Variance Extracted,AVE)之根号值,下三角为构面之皮尔逊相关系数。各构面的AVE,除内容质量维度的数值稍低外,其他维度均大于0.5,说明该问卷具有良好的收敛效度。AVE的根号值均大于其他构面之间的相关,表明区别效度成立。综上,本问卷具有良好的收敛效度和区别效度。

表 1　问卷效度

	平均值	标准偏差	样本数	平均提取方差值	区别效度					
					感知有用性	感知易用性	使用意愿	感知互动性	技术支持	内容质量
感知有用性	5.30	1.123	172	0.619	**0.787**					
感知易用性	5.72	1.019	172	0.541	0.402	**0.735**				
使用意愿	5.34	1.139	172	0.519	0.637	0.513	**0.720**			
感知互动性	4.75	1.436	172	0.583	0.331	0.343	0.462	**0.764**		
技术支持	5.04	1.338	172	0.536	0.371	0.405	0.435	0.643	**0.732**	
内容质量	5.62	1.011	172	0.444	0.522	0.629	0.654	0.508	0.575	**0.666**

五、数据分析

(一)在线中文课程使用意愿的总体情况

对使用意愿、选择理由、选择机构等数据进行描述性统计分析，得到以下结果。问卷的“使用意愿”均值为 5.34，说明韩国中文学习者是很乐意接受在线中文教育机构的中文课程的。经进一步统计，发现选择“接受”的人数最多，共有 113 个人，占 65.7%；有 27 个人选择“非常接受”，占 15.7%；有 27 个人选择“无所谓”，占 15.7%；有 5 个人选择“不接受”，占 2.9%；没有选择“非常不接受”的学习者。总体来说，韩国中文学习者对线上中文教育机构的课程持肯定的态度。

在韩国中文学习者选择线上中文教育机构的主要原因中，选择线上机构课程“不受时间限制”的参与者最多，共有 71 个人，占 41.3%；有 51 个人选择“不受地点限制”，占 29.7%；有 23 个人选择“因为价格便宜而选择线上中文教育机构”，占 13.4%；有 17 个人选择“喜欢单独学习”，占 9.9%；有 8 个人选择“在线课程内容多样”，占 4.7%；有 2 个人选择“其他”，理由是“可以在有效期内无限回看”“因为家附近没有不错的线下补习班”。这项统计数据充分展现出了在线教育的优势，即它可以打破时空的限制，使学习者能够随时随地进行中文学习。

接受本次调查的被试群体选择过的在线中文教育机构共有 11 个。其中 Korea Educational Broadcasting System（EBS）和 Korea Open Course Ware（KOCW）为公立机构，其他都是私立机构。在众多在线中文教育机构中，选择最多的是 Hackers 中文，有 57 人，有 33 人选择了 Pagoda 中文，有 29 人选择了 EBS，有 14 人选择了文井我中文，有 13 人选择了 Siwon School 中文，有 9 人选择了中短期，各有 3 人选择了 China 谈、名家中文、YBM 中文。剩下的 10 个人选择过脑回味中文、轻松的学习纸中文、Langdy、Chaitea 中文和 Mapool 中文等。

对选择在线中文教育机构最看重的因素进行排序，有 47.1%的学习者将“教师与平台品牌知名度高”这一选项放在了第一位。通过访谈也验证了这一点，学习者 C 表示，“大家都知道 EBS”；学习者 F 表示，“这位教师在 YouTube 上是很有名的博主，知名度很高”。知名度是学习者选择机构的重要衡量指标。排在第二位的原因是“平台与 App 方便”，排在第三位和第四位的是“机构的教学安排合理”与“跟教师沟通很方便”，“是别人推荐的”排在第五位。这在一定程度上反映出，大部分中文学习者更倾向于选择自身感觉有用的机构。除上面的五个原因以外，机构的教材、价格、广告和活动等因素，也会对韩国中文学习者选择在线中文教育机构产生影响。

(二)在线课程使用意愿的个体差异分析

本研究利用独立样本 t 检验的方法，分别考察了使用意愿在性别、年龄、职业、学习时长方面是否存在显著差异。数据均显示 t 的绝对值小于 1.96，显著性大于 0.05，说明使用意愿在上述几个因素中均无显著差异。

对不同机构的学习者使用意愿进行比较，结果如表 2 所示。在学习者常用的机构中，平均值最高的机构是名家中文(6.47)，其次是 EBS(5.76)，其他几家机构的平均值均在 5.20 左右。学习者偏向于在名家中文和 EBS 两家机构进行中文课程的学习，且使用意愿较高。

表 2　各常用机构的学习者使用意愿差异

	学习者利用较多的线上中文教育机构	使用人数	平均值	标准差
使用意愿	Hackers 中文	57	5.22	1.120
	Pagoda 中文	33	5.28	0.971
	EBS	29	5.76	1.005
	文井我中文	14	5.20	1.472
	Siwon School 中文	13	5.12	0.947
	中短期	9	5.27	0.906
	China 谈	3	4.00	1.908
	名家中文	3	6.47	0.757
	KOCW	1	5.40	
	其他	10	5.52	1.595

对 EBS 与其他机构进行了单因素方差分析，以了解使用意愿是否存在差异。F 值为 0.696，显著性(双尾)值为 0.028，小于 0.05。这表明常用 EBS 的韩国中文学习者在使用意愿上与使用其他机构课程的学习者表现出了显著差异。

学习者C认为，“EBS是韩国最有名的在线教育机构，知名度很高。EBS教师的教学能力很高，最重要的是EBS与韩国的高考考题紧密相关，所以EBS线上机构对高考生非常重要。此外，EBS免费提供线上课程，学习者可以用留言板跟老师沟通，教材的内容也很好！相比于其他机构，EBS的优点更多一些”。学习者D表示，“韩国人认为EBS教学质量很不错，特别是教材在所有的书店都能买到，价格也很便宜，并且大部分人都能接受它的学费。在广播上还可以免费听课，课程的内容很不错”。从以上学习者的反馈来看，用户对EBS的教学内容、教师和教材都给予了肯定的评价。特别是高考生群体，他们信任EBS品牌。即使学习者有经济负担，他们也会选择使用高品质的课程。

（三）影响在线课程使用意愿的因素分析

本研究将模型假设的各影响因素与在线中文课程使用意愿分别进行了回归分析，结果如下。

1.感知有用性和感知易用性显著影响使用意愿

如表3所示，样本独立性检验杜宾-沃森（Durbin-Watson）检验鉴定为1.5～2.5，表示变量之间没有自我相关。自变量感知有用性和感知易用性的VIF均小于5，表示自变量之间没有共线性问题。非标准化系数除以标准误（t）的绝对值，均大于1.96，显著性（P 值）均小于0.05，表示自变量感知有用性和感知易用性对因变量使用意愿均有显著的影响，假设成立。这说明如果学习者感觉机构课程能够提高他们的中文水平，他们愿意在该机构学习中文。同时，如果学习者感觉机构的课程平台容易使用，这也会提高他们的使用意愿。

表 3　感知有用性和感知易用性与使用意愿的回归分析

模型		非标准化系数		标准系数	t	显著性	共线性统计		R^2	杜宾-沃森检验
		B	标准错误	*Beta*			容许	VIF		
学习意愿	（常量）	0.615	0.397		1.549	0.123			0.485	1.927
	感知有用性	0.522	0.061	0.514	8.529	0.000	0.839	1.192		
	感知易用性	0.342	0.067	0.306	5.076	0.000	0.839	1.192		

学习者 B 表示，“我学习的机构有自己开发的软件，我随时随地都能用手机上课。而且，平台还提供了公开课，我对这个方面也很满意。我上过平台的 HSK 课程后，学习上有了自信，考试也顺利通过了”。学习者 C 指出，“报名机构的课程后，可以在网站的留言板上提问，管理者会认真解答我提出的问题，这一点很贴心”。学习者 E 提到，“线上机构中文课程的操作很简单，并且我可以迅速找到自己想要的内容”。学习者 D 认为，“我目前使用的平台功能很多，都很好用”。在访谈中，多位学习者提到了易于操作的学习平台或软件能帮助其更好地进行学习。同时，若机构课程能帮助学习者达成学业目标，如通过考试、树立学习自信等，这必然会增强其使用意愿。访谈的结果辅助证明了在线中文教育机构课程的有用性和平台的易用性会对学习者的使用意愿产生重要影响。

2.课程的内容质量显著影响感知有用性和感知易用性

由表 4 可见，样本独立性检验杜宾-沃森检验鉴定为 1.5～2.5，表示变量之间没有自我相关。自变量的 VIF 均小于 5，表示自变量之间没有共线性问题。只有内容质量的非标准化系数除以标准误（t）的绝对值和显著性（P 值）符合建议值（$t>1.96$，$P<0.05$），表示只有内容质量因素会显著影响感知有用性和感知易用性。

表 4　外部因素与感知有用性和感知易用性的回归分析

模型		非标准化系数		标准系数	t	显著性	共线性统计		R^2	杜宾-沃森检验
		B	标准错误	Beta			容许	VIF		
感知有用性	(常量)	1.964	0.418		4.694	0.000			0.281	1.849
	感知互动性	0.041	0.068	0.052	0.593	0.554	0.558	1.793		
	技术支持	0.067	0.077	0.079	0.862	0.390	0.503	1.988		
	内容质量	0.499	0.091	0.450	5.484	0.000	0.637	1.570		
感知易用性	(常量)	2.120	0.347		6.105	0.000			0.399	1.824
	感知互动性	0.000	0.057	0.001	0.008	0.993	0.558	1.793		
	技术支持	0.049	0.064	0.064	0.763	0.447	0.503	1.988		
	内容质量	0.597	0.076	0.592	7.899	0.000	0.637	1.570		

学习者 A 表示,“我是初学者,如果进度过快的话,我跟不上。看到平台课程的安排,感觉进度很适合我,所以我喜欢上这个机构的这个课”。学习者 C 指出,“我觉得 EBS 的高考课程的内容最正确”。学习者 E 认为,“通过这个课程可以学地道的中文表达,以及一些新词语,我很满意”。学习者 F 提到,“通过软件,上课前可以更好地学到丰富的单词和语法”。从访谈材料中不难看出,课程内容质量的高低会直接影响学习者对课程有用性的判断。

3.感知互动性和技术支持会透过内容质量影响感知有用性和感知易用性

本文以内容质量为中介变量,感知互动性和技术支持为自变量,感知有用性和感知易用性为因变量,分别进行了路径分析。根据表 5 和表 6 可知,间接效果 z 值均大于 1.96,证明间接效果存在,内容质量作为中介变量成立,感知互动性和技术支持会透过内容质量影响感知有用性和感知易用性。

表 5　内容质量为中介变量,感知有用性为因变量的路径分析

	IV→ME			ME→DV		IV→ME→DV		Sobel z 检验
	B	标准误		B	标准误	间接效果	联合标准误	
PI→CQ	0.165	0.056	CQ→PU	0.499	0.091	0.082	0.032	2.595
TS→CQ	0.320	0.061				0.160	0.042	3.791

表 6　内容质量为中介变量,感知易用性为因变量的路径分析

	IV→ME			ME→DV		IV→ME→DV		Sobel z 检验
	B	标准误		B	标准误	间接效果	联合标准误	
PI→CQ	0.165	0.056	CQ→PU	0.597	0.076	0.099	0.036	2.759
TS→CQ	0.320	0.061				0.191	0.044	4.363

学习者 A 指出,“我的中文水平很低,我选的在线机构老师语速很慢,教学的内容也很有意思。在课堂上学到的表达方式都是日常生活中可以使用的,所以我非常满意”。学习者 B 认为,“一个人准备 HSK 考试的时候,不知道要掌握哪些内容。这门课可以帮助我有效掌握考试中频繁出现的单词和语法”。学习者 D 提出,“每个月都有新的教材出版,并按新教材上课,所以每个月都能学到新的内容,而且教学内容和生活有紧密关系,这个我很喜欢。比如说最近疫情很严重,教材就有《隔离》这篇课文”。学习者 F 表示,“我以前上过单向型的中文机构课程,但在课程中与教师和其他学习者沟通起来不太方便,课程的内容也比较无聊,我上课时总不能集中精力。所以,我找了其他在线中文教育机构。后来,我找到一个提供混合型课程的机构,课程还不错,直播课之前有预习视频,上直播课的时候教师可以给我更多反馈,我现在的口语表达更丰富、流利了”。

可见，对韩国中文学习者来说，在影响使用意愿的因素中，课程质量居于首位。在此基础上，良好的互动和技术支持可以透过课程质量进一步增强学习者的感知有用性和感知易用性，从而提升其使用意愿。

六、主要结论及建议

(一)主要结论

第一，韩国有单向型、双向型及混合型等多种类型的在线中文教育机构。单向型采用录播课的形式，即学生通过观看提前录好的视频来学习中文。双向型是师生之间可以进行实时互动，学生能及时跟老师沟通交流。混合型是指直播课与录播课并存的教学模式，学生既可以与老师进行互动，又能自由协调学习时间。

第二，韩国中文学习者使用线上机构课程的意愿较高，且对线上中文课程持肯定的态度。韩国中文学习者选择线上学习的主要原因是不受时间和空间的限制。在本次对韩国在线中文教育机构的调查中，发现被试群体选择过的在线中文教育机构中，EBS 和 KOCW 为公立机构，其他机构都是私立机构。选择在线中文教育机构时，韩国中文学习者最看重的因素是机构教师与平台品牌的知名度。

第三，学习者使用意愿的高低在性别、年龄、职业、学习时长等因素上无显著性差异，但不同机构之间学习者的使用意愿则呈现出了显著差异。相比于其他机构，EBS 机构学习者的使用意愿较高。通过访谈可知，学习者对 EBS 的教学内容、教师能力和教材广泛度都给予了肯定的评价，尤其是学习者认为 EBS 的高考课程非常不错。因此，EBS 机构知名度高、师生沟通性好、学习者对内容信赖度高等是其受欢迎的主要原因。

第四，感知有用性和感知易用性对使用意愿均有显著的影响。感知有用性和感知易用性越高，使用意愿越强。在假设的三个外部变量中，只有内容质量对感知有用性和感知易用性产生了直接的显著影响，而感知互动性和技术支持会透过内容质量影响感知有用性和感知易用性，从而对使用意愿产生影响。这说明内容质量在提升学习者使用意愿中起到了关键性作用。

（二）建议

为有效地进行中文学习，学习者一般会事先了解各类在线中文教育机构，再结合自身情况，选择适合自己的教育机构。比如，对于想提升口语水平的中文学习者，与教师沟通方便，且有较多开口机会的双向型或混合型模式的机构更合适。基于此，结合对使用意愿及其影响因素的研究发现，本文对在线中文教育机构提出以下几点建议。

第一，各种类型的在线中文教育机构应针对本机构教学模式的不足对症下药。韩国单向型在线中文教育机构与其他机构相比，存在的主要问题是师生间的互动交流不足。比如，选择 Hackers 中文机构的学习者如果想跟教师进行沟通，就只能使用留言板，但实际上使用留言板的学习者并不多。该机构应该向学习者大力宣传此功能，提高留言板使用率，增强师生互动性。再者，单向型机构还存在学习者学习自律性差、购买的课程使用率有限等问题。为提高学习者的使用意愿，除了采用返现活动激励政策之外，还需要引入其他引导学习者坚持听课的机制，如考勤监督机制。此外，Hackers 中文的学习者习惯于母语授课的方式，而机构内的中国老师则惯用中文进行授课。虽然中国老师偶尔会使用韩语辅助讲解，但是如果能提供韩文字幕，则会有效提高学习者的使用意愿，尤其是初学者的使用意愿。

韩国双向型在线中文教育机构，如名家中文，各类型考试的备考课程类型丰富。虽然课程多样，但该机构对课程的管理并不到位。首先，机构应根据实际情况和学员反馈，对已上线的课程进行监督管理并及时调整。如名家中文中设有“C.TEST”备考课程，然而该考试已经废止，目前处于停止报名状态。在这种情况下，机构应下架与该考试相关的课程，以免误导学习者。其次，研发机构的专属软件，或与其他软件平台合作，将其课程资源等入驻于学习类软件上。韩国中文学习者选择线上教育的主要原因之一，就是其具有打破时空限制的优点。如果机构只拘泥于客户端教学，忽视移动端的建设，技术上的壁垒必然会降低学习者的感知易用性，从而影响学习者的使用意愿。最后，机构应向学生提供课前、课后辅助资料。课前准备相关预习资料，课后分发课堂讲义内容，方便学生巩固复习。这有助于提升感知有用性，进一步提高学习者的使用意愿。

韩国混合型在线中文教育机构的典型代表是 Langdy。该机构的课堂包括录播和直播两种方式，兼具实时互动与随时随地学习的优点。但其最大的问题是可供学生选择的课型繁多，缺乏系统的学习规划指引，这容易使得学习者“眼花缭乱”，难以选择合适的课程。此外，每节课学生都有权更换授课教师，这导致老师无法及时掌握学习者的学习情况与中文水平。为解决这些问题，机构应事先充分了解每位学生的诉求，为其提供合理的学习规划指引。教师之间也需要共享学习者的信息，如上过的课程、学过的内容和中文水平等。

第二，开发可在移动端使用的软件。韩国中文学习者选择在线中文教育机构学习的第二大主要原因，就是不受地点限制。并且，通过调查数据分析可知，教育技术支持是影响学习者使用意愿的重要因素之一。因此，为了提高学习者的使用意愿，机构有必要开发可在移动端使用的 App，并对软件技术进行持续性的投资，以保证学习者后续的使用。此外，为了吸引更多的学习者使用，还需要加大对 App 的宣传力度。

第三，在线中文教育机构要致力于打造精准而丰富的内容。首先，中文教育机构要对课程内容质量进行持续的管理。一旦确认课程存在错误信息或过时信息,就要加以修改,尤其是单向型的录播课程。语言是不断发展变化的,因此,为了提高学习者的使用意愿,课程内容要适应新的环境变化。教育机构应在每年或一定周期之内,及时更新教学课程。其次,机构还需要对教师的素质进行持续性管理。每位教师的教学水平不同,教学质量参差不齐。即使是中国中文教师,也存在对中文知识掌握不足、把握不精准的情况。所以,必须对教师的教学技能进行严格的管理与考核,以保证课程内容的精准性与全面性。

韩国中文教材研究现状及可拓展空间*

石　浪　王彦伟**

【摘要】　作为全球中文教育的重要国家之一，韩国的中文教材起步早、规模可观。对韩国中文教材的研究进行梳理，一方面可以洞察教材的编写与应用现状，另一方面也可以在某种程度上探究区域国别中文教材发展的特点和规律。文献研究表明，当前关于韩国中文教材的研究，在概况分析的基础上，重点关注以下三个范畴：一是对教材编写理念与编排设计的框架性研究；二是对教材语言要素、文化内容、语言技能，以及教材与课程教学关系的研究；三是对教材的评估指标体系及其应用的研究。在此基础上，韩国中文教材研究尚有可拓展的空间，主要包括教材汉字部分的研究、教材文化专栏的研究、教材立体化建设的研究以及教材与标准大纲关系的研究。

【关键词】　国际中文教育本土化；韩国中文教育；中文教材；汉语教材；本土化教材

一、研究背景

教材是国际中文教育"三教"的重要组成部分，也是教学资源的主

* 本文系教育部中外语言交流合作中心2022年度国际中文教育基地项目（项目批准号：22YHJD1037）阶段性成果。

** 作者简介：石浪，山东大学国际教育学院，硕士研究生；王彦伟（通讯作者），山东大学国际教育学院，教授，博士生导师。

要表现形式，直接影响课堂教学活动的实施。教材建设贯穿国际中文教育发展，是国际中文教育学科中的一个重要领域。而随着国际中文教育的不断发展，学习群体多元化与学习需求多样化日益明显，传统的纸质中文教材已经不能完全满足中文学习者的需求，亟须建设转型期的国际中文教材。

韩国是中文教育大国，具有悠久的教育历史和庞大的教育规模。1946 年首尔大学成立中文系，开启了韩国现代中文教育。① 近年来，韩国中文教育不断发展，但也遇到了发展瓶颈，教材方面体现在：数量多、规模可观，但精品偏少；少儿类教材发展迅速，但缺少标准和大纲支持；教材配套建设较落后，教材的立体化、数字化建设不足；等等。② 在此背景下，国际中文教材研究领域不断涌现韩国中文教材研究成果，对此进行梳理与分析，以期更好地总结教材研究的总体特征和发展规律，并探索其可拓展空间。

二、韩国中文教材研究现状

本文主要采用文献分析法，以中国知网中文数据库为检索范围，检索关于“韩国”“中文教材/汉语教材”的文章，经过筛选，剔除通知、报纸等非学术文献，共得到有效的期刊和学位论文 330 篇。使用文献可视化分析软件 Citespace 呈现韩国中文教材研究的基本情况，并根据文献内容进行主题分析。

(一)研究概况

1.发文量趋势分析

研究文献中关于韩国中文教材的专题始于 1999 年。2004 年，全球

① 参见解植永：《汉语国际推广背景下的韩国高校汉语教学研究》，《华文教学与研究》2018 年第 2 期。

② 参见贺莉娜、任承炫：《韩国中文教学资源发展研究》，《云南师范大学学报》(对外汉语教学与研究版)2022 年第 1 期。

第一所孔子学院在首尔成立，韩国的中文教学受到更多关注。从 2006 年开始，发文量开始缓慢增长。2011 年之后，发文量增长速度加快，再加上 2012 年 CPIK 项目①的启动，大量 CPIK 项目志愿者被派往韩国进行中文教学与中华文化传播工作，帮助并启发更多专家和师生重视韩国中文教学及其教材的编写与研究，发文量逐渐增多并于 2018 年达至历史高峰(见图 1)。

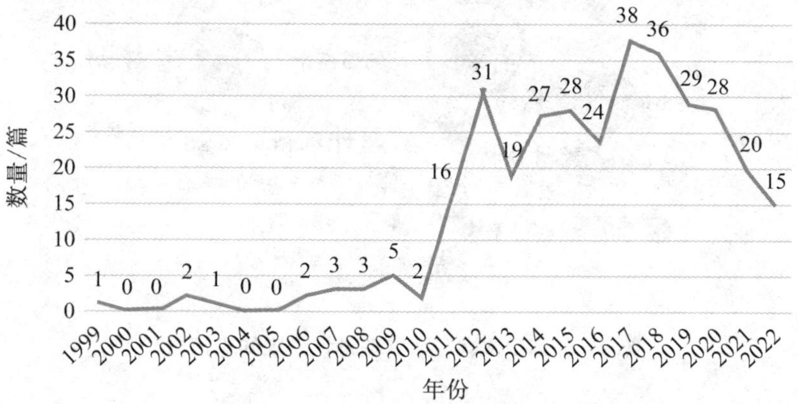

图 1　韩国中文教材相关文献发文量的年度分布图

信息技术的发展以及 2019 年底新冠疫情的影响，传统的纸质教材已经不能完全满足韩国中文学习者的需求。加上对文献的梳理分析发现，2019 年后研究不再仅仅局限于传统教材，而是拓宽至包括教材在内的教学资源的研究，从而推动教材等资源的创新与发展。②

2.研究主题可视化分析

一般而言，关键词高度概括了一篇论文的中心概念和研究主题，通

① 2012 年，韩国国立国际教育院与中国国家汉语办公室(现为中国教育部中外语言交流合作中心)签署了《韩中教师交流合作协议》，韩中成立汉语教学项目(Chinese Program in Korea)，后统称 CPIK 项目。

② 根据对文献的梳理分析发现，随着国际中文教育信息化的不断发展，教材研究也开始转型，不再局限于对传统纸质教材的研究，教材本身概念不断拓展，研究逐渐转向对教学资源的开发与利用。只针对教材研究的发文量呈现减少趋势，但从更广泛的文献检索情况来看，以“教学资源”为主题的发文量逐年上升。

过关键词分析可以直观地揭示某研究领域的研究内容、知识结构和研究热点。利用 Citespace 软件，选择关键词(keyword)，对检索结果进行计量可视化分析，绘制出韩国中文教材研究关键词共现知识图谱(见图 2)。

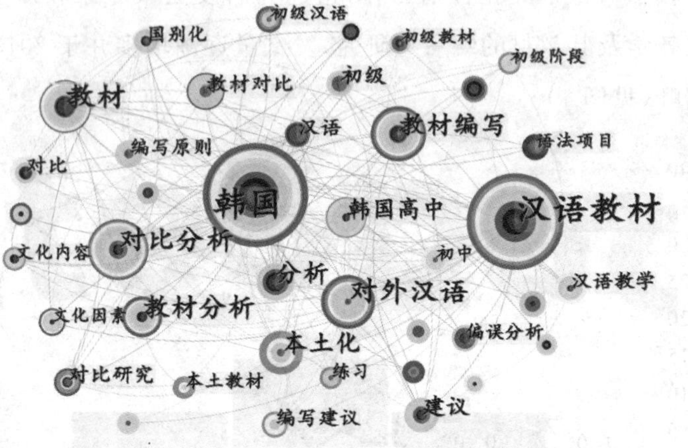

图 2　韩国中文教材研究关键词共现知识图谱

图 2 展现了韩国中文教材研究的高频关键词，从而可以得出该领域研究的热点。为使结果更为直观，根据共现频率将重要关键词(频次＞5)进行降序排列，如表 1 所示。

表 1　韩国中文教材研究高频关键词

频次	中心性	关键词	频次	中心性	关键词
73	0.47	韩国	13	0.04	教材对比
68	0.43	汉语教材	11	0.05	建议
29	0.19	对比分析	10	0.03	对比
25	0.26	教材	8	0.03	国别化
25	0.17	对外汉语	8	0.03	汉语教学
20	0.11	教材编写	7	0.04	对比研究

续表

频次	中心性	关键词	频次	中心性	关键词
16	0.08	本土化	7	0.02	初中
16	0.06	韩国高中	7	0.01	文化因素
14	0.07	分析	6	0.02	汉语
14	0.18	教材分析	6	0.02	文化内容

结合高频关键词的频次与中心性分析，除“韩国”“教材”“对外汉语”等共性关键词外，其他出现频次较高且中心性大于 0.1 的有“对比分析”“教材编写”等词。这些关键词反映出学界关注的焦点，这是目前韩国中文教材领域研究的主要纽带，在整个研究领域产生辐射性影响。

（二）重点研究内容

对现有文献进行梳理后发现，重点研究内容主要集中在以下三个方面：一是教材编写理念与编排设计；二是教材实践应用研究，涵盖语言要素、文化内容、语言技能，以及教材与课程教学的关系等；三是教材的评估指标体系及其应用。

1.教材编写理念与编排设计研究

（1）教材编写理念研究

已有教材编写理念的研究集中在低龄化、本土化改编以及教材编写与大纲的关系研究这三个方面。

韩国中文教育低龄化趋势日渐明显。金铉哲指出，韩国全国 5756 所小学和 8294 家幼儿园中，中文成为正式选修课的学校与日俱增，如何编写出一本优秀的低龄化教材成为学界关注的重点。[①] 围绕教材编写这一话题，张德鑫早在 2002 年结合儿童中文学习者的特殊性提出儿童中文教材编写要遵循三原则，即“寓教于乐”的兴趣性原则，“眼见为

① 参见金铉哲：《韩国汉语教材现状及研发》，《国际汉语教学研究》2015 年第 2 期。

实"的直观性原则,忌"拔苗助长"的量力性原则。[①] 之后研究对象更为细化,多以韩国通用的一本或多本儿童教材为例,如对《好棒儿童学中文》《趣味汉语》等进行研究[②];而且研究视角也不断拓宽,如教材编写趣味性原则、科学性原则等[③],旨在促进儿童中文教材的编写。

随着2009年第一届汉语国别化教材国际研讨会在厦门大学召开,"国别化""本土化"逐渐成为领域研究热点。2010年时任国家汉办主任许琳也表示,教材经过市场检验才是根本,要把中国式的教材变为当地本土式的教材,出发点是"他们要学什么",而不是我们"让他们学什么"。[④] 韩国中文教材研究经过十几年的发展,在"国别化""本土化"方面研究成果较为丰富。目前韩国本土中文教材大多数来自对中国教材的本土化改编,现有文献基于原版教材和改编后教材进行对比,总结优缺点并提出相关的本土化编写建议。[⑤] 研究表示,目前改编教材基本上做到了浅层次本土化,如教材名称、注释语言的本土化等等,但在深层次本土化方面,如教材内容的选择以及交际场景、情境的设置方面,还有待进一步加强。

截至目前,韩国教育课程大纲经历过七次改革,汉语在1997年第七次改革中作为外国语选修课程被纳入韩国国民教育体系。林晓凤从海外中文教学的角度,将韩国第七次课程大纲中汉语部分与现行的中文教材进行分析,探索如何促进教学大纲与教材编写相结合,为韩国中文教育发展提供合适的物质载体。[⑥] 1997年大纲第七次改革至今也已

① 参见张德鑫:《从韩国儿童汉语教材的编写谈起》,《天津外国语学院学报》2002年第2期。

② 参见王轶超:《韩国小学汉语教材编写问题》,黑龙江大学硕士学位论文,2016年;纪向宇:《韩国务安郡公立小学汉语教科书编写分析及使用》,河南师范大学硕士学位论文,2019年。

③ 参见郝晓荣:《对歌谣类少儿汉语教材编写的分析与思考》,中央民族大学硕士学位论文,2021年。

④ 参见《十一届全国人大二次会议新闻中心举行"孔子学院的发展情况"专题采访》,2010年6月13日,http://www.hnmmc.cn/hanyucb/hyywhcb/ShowArticle.asp? Article ID=50。

⑤ 参见黄淑婷:《韩国汉语改编教材的本土化研究》,中山大学硕士学位论文,2013年;孟玉俏:《基于对比的初级汉语教材韩国本土化改编初探》,西安外国语大学硕士学位论文,2022年;袁婷:《汉语教材〈HSK标准教程〉的韩国本土化改编研究》,湖南大学硕士学位论文,2021年。

⑥ 参见林晓凤:《韩国高中汉语教学大纲及现行汉语教材分析》,山东大学硕士学位论文,2012年。

经经历了2005年、2007年、2009年、2011年、2015年五次修订，许诺以韩国2009年课程大纲修订版高中汉语教材为研究对象，为韩国本土化中文教材的编写提供一些借鉴等。[①] 但还没有相关文献专门对新修订的课程大纲与教材编写的关系进行研究。韩国自2001年将中文纳入高考科目后，韩国相关机构颁布了高考中文教材的相关政策。但目前国内对于韩国高考中文教材的研究相对较少，只有两篇硕士论文对高考教材的针对性和实用性进行了研究。

(2)教材编排设计研究

现有研究成果中，对编排设计的研究主要包括编排体例及版式设计两方面内容。

编排体例研究主要关注课文话题和人物的编排方式。已有研究成果表明，一般在教材目录会列出各单元的实际情况，课文话题基本符合学生实际生活，且在教材较靠前的位置会有课文人物介绍，课文主体内容以及练习等都围绕这些中心人物展开。学生学习教材就好像阅读系列小故事一样，一定程度上能吸引其好奇心，从而一课接一课地学下去。如魏新哲调查的教材课文话题具有实用性和广泛性，且教材中主要人物贯穿始终，把主要人物和次要人物在校内外生活中所发生的事穿插在一起，形成了多样而又具连续性的话题群。[②] 于娜研究的《中国Ⅰ》课文总共12个常用话题，遵循由易到难、急学先用的原则，将课文的内容串联起来，提高学生的学习积极性。[③] 且教材人物的设置注重国别性，侧重韩国人与中国人之间的交际，培养学生实际运用的能力。

版式设计研究涉及也比较多，韩国中文教材比较注重教材印刷质量与版式美观程度。目前大多数文献研究关注到教材基本上印刷质量

① 参见许诺：《韩国2009年课程大纲修订版高中汉语教材研究》，暨南大学硕士学位论文，2018年。

② 参见魏新哲：《浅析韩国初中汉语教材中课文的选择和编排——以〈生活中国语〉为例》，《科教导刊》(中旬刊)2012年第10期。

③ 参见于娜：《韩国高中汉语教材〈中国语Ⅰ、Ⅱ〉课文的选择与编排研究》，广西师范大学硕士学位论文，2019年。

不错，插图设计合适以及整体排版也较为美观。但也指出了现存问题，如插图颜色单一、与文字所占内容不一致、比例不协调等，并提出了相关的修改建议。如 Hoyeon Choi 调查到教材整体排版呈现图文并茂的情况，学生易于接受，但还存在文字多插图少且插图颜色单一的情况，影响学生可理解输入。① 权恩瑱以一本彩印教材为例，认为其颜色丰富却又不过于绚烂，比较能吸引学生，但存在文字和插图多，留白少，不利于学生做笔记的问题，建议调整文字与插图内容与比例，合理分配版面。② 段依依所调查的教材中插图形式多样、数量多，且数量按照教材级别由低至高递增，充分考虑了不同级别使用者的需求，但有一些插图与实际不太一致，应从实际出发，增添更加切合内容情境的插图。③

2.教材实践应用研究

基于对现有文献的梳理，教材实践应用研究主要涉及语言要素、文化内容、语言技能以及教材与课程教学关系方面，下面将逐一论述。

(1)语言要素研究

韩国中文教材研究全面关注了语音、汉字、词汇以及语法等语言要素，部分领域的研究已经较为深入。

语音内容方面，韩语元辅音与汉语声韵母之间存在相似之处，韩国学习者可以利用母语正迁移学习汉语语音。但两种语言之间也存在一些差异，需要教师与教材的辅助读准发音。但目前只有少数文献集中研究教材语音内容，如围绕教材“声调”内容提出相关的建议，促进语音学习效率的提高。④ 大多数文献只把语音当作研究中较微观的一部分，所占篇幅有限。目前研究显示大多数教材中的语音内容比较关注声调

① 参见 Hoyeon Choi:《中韩初级汉语教材对比调查和分析研究》，上海交通大学硕士学位论文，2020 年。
② 参见权恩瑱:《韩国汉语报刊阅读教材研究》，广东外语外贸大学硕士学位论文，2022 年。
③ 参见段依依:《中韩短期速成汉语口语教材比较研究》，北京外国语大学硕士学位论文，2016 年。
④ 参见 SHIN JAEHYUK:《针对韩国学生汉语声调教学教材编写设计方案》，新疆大学硕士学位论文，2012 年。

和语调的训练，语音讲解采用中韩文对译的方式，且训练贯穿教材始终[①]，有利于学习者语音能力的提高。

汉字内容方面，教材多以“词本位”为主，一些教材甚至未涉及汉字讲解，对汉字内容不够重视，汉字从属于教材中的词汇部分[②]，对汉字内容的研究相对较少。目前只有两篇硕士学位论文涉及，对教材中的汉字以及练习等进行量化分析。如金恩爱着重从教材中汉字的音形义、数量、等级分布及练习等方面进行分析，发现仍存在“前难后易”、忽视字形的作用以及不重视教学大纲规范等问题，亟须改进。[③] 在此基础上，胡远将《国际中文教育中文水平等级标准》与教材汉字总量、练习题量等进行对比分析，发现汉字总量得当，汉字总数覆盖率较高，但生字词还需加强与新标准的契合。[④]

词汇内容方面，研究主要集中在教材词汇选择、词汇重现率、生词注释三个方面。教材词汇量普遍较多，且存在一定数量的超纲词。[⑤] 关于词汇重现率研究，被调查的教材存在词汇重现频率较低以及重现方式不当的问题，应加强词汇之间的紧密度。[⑥] 关于生词注释研究，目前注释方式多样化，但也存在一些问题，如注释与原意不对等、感情和语体色彩有偏差、离合词注释不当等，强调注释需提高准确性，结合语用语境科学注释。[⑦]

语法内容方面，一部分研究主要关注多本教材语法项目之间的对比。如李贤贞以三本通用教材为例，统计分析语法项目的数量、编排以

① 参见夏添：《中韩面向青少年的初级汉语综合教材比较分析》，新疆师范大学硕士学位论文，2013 年；刘嘉珺：《韩中初级汉语教材的比较研究》，兰州大学硕士学位论文，2015 年。

② 参见满孝文：《韩国高中汉语综合课教学实践初探——以韩国高中汉语教材〈中国语Ⅱ〉中第九课〈我爱看喜剧片〉为例》，《亚太教育》2016 年第 5 期。

③ 参见金恩爱：《韩国本土汉语教材中汉字内容的编排研究》，安徽大学硕士学位论文，2020 年。

④ 参见胡远：《新标准下韩国初级综合汉语教材汉字分析》，广西师范大学硕士学位论文，2023 年。

⑤ 参见承婧：《对外汉语初级教材中的词汇选择研究》，重庆大学硕士学位论文，2016 年。

⑥ 参见许佳思：《韩国本土汉语教材〈汉语精通〉词汇编写问题研究》，渤海大学硕士学位论文，2015 年。

⑦ 参见王海宏：《韩国汉语教材〈生活中国语〉生词释义研究》，曲阜师范大学硕士学位论文，2020 年。

及解释三个方面，并指出教材语法项目存在的问题，提出相应的修改建议。① 康媄宣以中、韩两国教材为研究对象进行对比分析，探讨优点与不足，并为教材中语法项目的编写提供相关建议。② 此类研究偏多，大部分都是从教材实践出发，发现了目前一些通用中文教材语法部分存在的问题，并探索合适的优化路径。③ 另一部分研究主要涉及语法点释义，提出相关释义建议，促进学生理解。邢玲、朴民圭通过系统分析发现教材对于“呢”的注释内容不全，但教材作为学习者与中文之间的重要物质载体，不仅要提高对“呢”的重现率，而且要全面教给留学生“呢”的各种用法，并且要注明它的语法意义及使用环境。④ 其余还有学者对“把”字句、“了”的语义用法进行了相关研究。⑤

(2)文化内容研究

1997 年韩国教育课程改革后，韩国教育科学技术部将文化内容纳入教材的编写中，学界也开始对教材中文化内容展开研究。文化内容研究主要集中在文化内容现状及选用策略方面。

文化内容现状方面，以中文教材为例，调查教材在文化教学使用中存在的问题，大部分学者得出结论：内容陈旧，缺乏时效性；韩国文化占主流，中国文化底蕴不明显；文化专栏不合理，对中国传统与当代文化的比例设计不协调。如王康对教材中文化因素进行考察，发现存在内容尚待更新、中国文化比例小、底蕴不深等问题。⑥ 陆梦婷统计分析发现教材文化内容单一、文化专栏与课文主题不相符等问题。⑦

文化内容选用策略方面，学者们有许多共同点，都主张所选取的文

① 参见李贤贞：《韩国大学初级汉语教材语法项目比较分析》，北京大学硕士学位论文，2013 年。
② 参见康媄宣：《中韩初级汉语教材语法部分对比研究》，上海外国语大学硕士学位论文，2018 年。
③ 参见金佳垠：《中韩汉语教材词汇 · 语法项目编排的比较研究》，上海师范大学硕士学位论文，2017 年；张晓晗：《韩国本土汉语教材语法点编写研究》，延边大学硕士学位论文，2021 年。
④ 参见邢玲、朴民圭：《韩国学生“呢”的习得偏误及教学》，《海外华文教育》2009 年第 4 期。
⑤ 参见刘璐：《谈韩国高中教材“把”字句的编排问题》，辽宁大学硕士学位论文，2012 年；李映周：《对韩汉语教材关于“了”的语义解释的分析》，《汉字文化》2022 年第 12 期。
⑥ 参见王康：《韩国高中汉语教材的文化因素分析》，沈阳师范大学硕士学位论文，2014 年。
⑦ 参见陆梦婷：《韩国初级汉语教材的文化因素分析》，西安外国语大学硕士学位论文，2017 年。

化内容融入跨文化元素，让学习者认识到两国文化的异同；呈现方式多样化，注重趣味性；注重文化专栏的开发，向学习者传递可亲可爱的中国文化；等等。[①]

(3)语言技能研究

语言技能分为听力、口语、阅读、写作以及翻译技能。[②] 学界关于韩国中文口语教材的研究较多，不局限于官方教材，如孔子学院教材，研究对象还扩至私立教育机构、语言培训学院等的教材，并且研究比较全面，初、中、高级都有涉及。基于对现有文献的梳理，口语教材研究主要围绕话题内容与练习设计展开。

研究发现，一方面，大多数口语教材的话题内容含有许多中国传统文化内容，学生感兴趣程度不高，开口意愿度较低。如郑素英对三本具有代表性的补习机构的口语教材进行调查分析，发现还存在"汉字的演变""中国的历史""中国的少数民族"等内容，学生感兴趣度不高。[③] 口语补习班的汉语学习者主要想学一些实用性比较强的口语，希望内容主题更贴近于日常生活。另一方面，口语教材比较注重学生交际能力的提高，交际性练习项目较多，练习情境设置具体且有趣。[④] 如赵静静对练习部分进行分析，发现课文与练习部分情景设置较生动，能够较充分地锻炼学生的口语技能。[⑤]

所搜集到的文献中，关于口语教材的研究居多。这可能是因为中国与韩国一衣带水，语言要素尤其是在语音上存在较大相似之处，中国学者认为韩国中文教育偏向于对学习者口语交际技能的培养。对听

① 参见揭可人：《韩国初中汉语教材文化内容现状调查研究》，福建师范大学硕士学位论文，2018 年；韩朱惠：《韩国初级汉语教材文化项目分析》，浙江大学硕士学位论文，2017 年。

② 参见刘英林、李佩泽、李亚男：《〈国际中文教育中文水平等级标准〉的中国特色和解读应用》，《国际汉语教学研究》2022 年第 2 期。

③ 参见郑素英：《韩国私立教育机构常用中级汉语口语教材分析》，山东师范大学硕士学位论文，2011 年。

④ 参见洪美晶：《对韩汉语初级口语教材的比较研究》，上海师范大学硕士学位论文，2012 年；赵慧：《韩国语言培训学院的汉语中级口语教材比较研究》，四川师范大学硕士学位论文，2014 年。

⑤ 参见赵静静：《中韩中级口语教材练习题设计比较》，吉林大学硕士学位论文，2014 年。

力、阅读、写作以及翻译教材的研究几乎都只有一两篇文献，翻译教材还尚未涉及。这些少量的文献研究内容大都奠定在实际调查的基础上，阐述了技能教材的现存问题以及相关修改建议，但缺乏深入细致的研究。

(4)教材与课程教学关系研究

教材如何更好地应用于课堂教学也是一门学问。目前的研究基于教学实际情况，探究了教材与课堂教学如何结合，从而提高课堂教学效率的问题。如高艺结合韩国京畿道光明北高中的实际教学情况，分析所用教材内容与实际教学不适配的现象，如教学目标设置不明确、语言内容分布不均等问题，并提出以下建议：应结合学生具体语言水平改进教学目标，教材内容循序渐进，增加与学生的互动性等。① 李银珠以教材《中国语Ⅰ》为研究对象，提出在课堂上运用游戏促进汉语教学的具体案例设计，营造轻松的课堂环境，调动学生积极性，寓教于乐，帮助学生更轻松地掌握汉语。② 王婧也是以教材《中国语Ⅰ》为研究对象，在此基础上进行更为深入的研究，将课堂活动理论与实践相结合，设计"传话筒""你问我答""拍视频"等一系列课堂活动，最后进行总结：教材与课堂教学要注意因材施教，注重活动的实用性和趣味性，以多样化形式促进教材与教学更好地结合。③

3.教材的评估指标体系及其应用研究

对教材的分析评估是教材建设中的一个重要流程，是改善教材质量与促进教学的砥柱。教材评估研究主要分为两个方面：一是教材评估指标体系研究，二是教材评估实证研究。

(1)教材评估指标体系研究

目前教材评估还没有一套专门的指标体系，基本上是以赵金铭④在

① 参见高艺：《韩国〈中国语Ⅰ〉教材与教法研究》，兰州交通大学硕士学位论文，2020年。
② 参见李银珠：《韩国高中汉语教材中的游戏应用研究》，山东大学硕士学位论文，2013年。
③ 参见王婧：《时事中国语社〈中国语Ⅰ〉课堂活动设计》，广东外语外贸大学硕士学位论文，2016年。
④ 参见赵金铭：《论对外汉语教材评估》，《语言教学与研究》1998年第3期。

《论对外汉语教材评估》中制定的对外汉语教材评估表(即前期准备、教学理论、学习理论、语言、材料、练习编排、注释解说、教材配套、其他等九个方面)为参考标准,设计了相对应的调查问卷、评价项目与评估原则[①],但权威性不足,尚待考证。陈宇洋以赵金铭的《对外汉语教材评估一览表》为主要框架,结合韩国汉语教学实际情况,进行细微修改,共设计出三级评价指标。8 个一级指标为:教学对象及教学目标、语言要素内容、课文内容、练习内容、教材配套、编辑质量、学习者教材使用体验、教师教材使用体验;12 个二级指标为:教学对象、教学目标、语音、词汇、语法、汉字、课文内容、练习内容、教材配套、编辑质量、学习者教材使用体验、教师教材使用体验;三级指标为 64 个具体评估项目等(这里不细致描述),并对每个指标按照 A、B、C、D 四个等级进行打分,从而对教材进行全面的评估。[②]

(2)教材评估实证研究

教材评估实证研究方面,基本上围绕外语教材评估理论,包括第二语言教材评估理论,提出了新的评估指标体系,采用问卷调查、访谈、文本分析等研究方法,探讨现有教材的科学性,指出存在的问题以及提供一些参考建议,为后续教材的建设提供借鉴。云仙参考 McDonough、Show 等人的内外评估法,对教材文本内外部结构,包括总体版式、单元构成、语料长度评估等进行详细分析,最后提出了相关的修改建议。[③]朴信映参考儿童外语习得理论以及 Skierso 的外语评价标准,重新设立了教材评价标准,对五本在韩国广泛使用的汉语教材进行考察,对其现存问题进行描述,并提出改进措施,为韩国中文教材编写提供借鉴。[④]

① 参见文爱丽:《韩国初中汉语教材〈生活汉语〉评估调查研究》,重庆大学硕士学位论文,2011 年;黄晓玲:《韩国普通高中汉语教材时事版〈中国语Ⅰ〉调查评估研究》,广东外语外贸大学硕士学位论文,2015 年。

② 参见陈宇洋:《韩国初中本土汉语教材〈生活中国语〉分析评估》,鲁东大学硕士学位论文,2020 年。

③ 参见云仙:《韩国儿童入门级汉语教材评估》,中山大学硕士学位论文,2012 年。

④ 参见朴信映:《韩国入门级儿童汉语教材评价标准及其应用研究》,云南大学硕士学位论文,2021 年。

三、研究述评

综上所述，韩国中文教材相关研究成果较为丰富。研究广度方面，教材编写视角不断拓宽，“两化”（“本土化”与“低龄化”）编写视角不断成熟，并且开始注重与教育课程大纲的衔接、结合教学实际以及结合多种理论对教材进行优化；研究逐渐关注学习者综合能力的提高，尝试寻找解决学习者语言能力失衡的办法；等等。研究深度方面，研究对象不断细化，不仅关注教材整体内容研究，而且逐渐注重教材的单项研究，即对教材中某一部分的研究；研究紧贴教学实践，探索教材评估体系的建立与评估实证的研究，深入挖掘尚存问题，从而提出相应的修改建议，不断完善。

与此同时，目前研究也存在局限性，对部分领域尚未予以关注。如对教材中语音、词汇、语法部分研究较多，对汉字部分的研究较少；文化内容较为陈旧，学习者很难通过教材窗口了解当代中国，也加重了教师文化教学备课负担。且近些年来教育信息化重塑教育生态，学习者群体结构也发生变化，目前对新型教学资源的开发利用研究尚少，单一教材已经不能满足大部分需求，亟须加强立体化教材建设。近年来，国际中文教育相关大纲相继出台，但当前鲜有将大纲与教材置于一个框架下的研究。

四、拓展空间

基于以上综述，提出以下四个拓展空间，希冀为韩国中文教材研究提供参考借鉴。

（一）加强对教材汉字部分的研究

汉字能力是衡量学习者中文综合水平的重要标准之一，也是书面语学习的基础，汉语大量的同音字、同音词需要依靠汉字来区分。通过掌握汉字能够在一定程度上扩充学习者的词汇量以及加深对字词的理解。但目前学习者汉字学习的效果不容乐观，会认会读但不会写的情况时有发生。

目前韩国教育厅政策、教师教学和学生学习都未对汉字给予重视，韩国中文教材没有单独的汉字专栏。[①] 汉字是汉语表意的最小单位，而韩语属于表音文字，汉字的学习与书写对韩国学习者来说难度较大，但韩国大多数教材在编写时并没有单独的汉字讲解部分，而是以拼音辅助学生理解，且练习部分基本也没有单独的汉字训练，阻碍了学习者中文综合能力的发展。今后需加强对教材中汉字编写的研究，探究汉字编排的顺序与方式以及如何促进其与词汇之间的衔接等，从而方便教师教学并提高学习者学习汉字的兴趣。

（二）注重对教材文化专栏的研究

语言的学习离不开文化，二者是你中有我、我中有你的关系。习近平总书记指出，要“讲好中国故事，传播好中国声音，向世界展示真实、立体、全面的中国”。国际中文教材作为外国学习者认识中国的重要窗口，承担着中文国际传播的重要使命。

调查显示，目前部分韩国中文教材文化专栏内容陈旧且远离学习者的生活实际，未能真实反映当代中国，不利于学习者对中国的正确认识。今后教材文化专栏研究需了解学习者文化学习需求，进一步明确如何进行文化内容的选择等，让学习者充分感受可信可爱可敬的中国国家形象。

（三）强化对教材立体化建设的研究

根据对文献的相关梳理发现，近些年来对教材的研究数量小幅度减少，对立体化教材等教学资源的研究热度逐渐上升，但数量还较少，

① 参见吴静思：《韩国高中汉字教学现状及教学建议》，《文学教育》（上）2019年第8期。

尚处于落后的状态。赵金铭在1997年就曾说:“现代信息技术的新发展,为对外汉语教学及其教材的编写带来了新的希望。加强多媒体的研制,使新一代教材逐步向文字、音、像立体发展是今后的美好前景。”①目前国际中文教材已经从纸质化阶段过渡到纸媒化阶段,多介质化、多模态化成为国际中文教材发展的必然趋势。

调查显示,目前越来越多韩国的中文学习者由于学业、工作等压力,没有时间去专门的语言机构学习中文,自学中文成为韩国比较普遍的现状。但自学没有教师的指导帮助,基本依赖于教材。因此,对教材提出了更高的要求。今后对韩国中文教材的研究需要在数字化时代的背景下,思考如何在纸质化教材的基础上,开发网络平台上的辅助教学资源为广大中文学习者所共享,满足学习者自学中文的学习需求。

(四)加紧对教材与标准大纲的研究

中文的教学与教材的编写都离不开大纲的支持与指引。中华人民共和国教育部、国家语言文字工作委员会发布的《国际中文教育中文水平等级标准》(GF0025—2021,以下简称《等级标准》)于2021年7月1日实施。《等级标准》的颁布无疑为国际中文教材的建设与发展提供了有力的支撑。2023年7月,《等级标准》实施两周年国际学术会议在韩国首尔举行,与会专家学者对《等级标准》如何在韩国更好地应用展开了讨论。

一方面,韩国中文教材作为国际中文教材的一部分,教材中汉字、词汇、语法的编写释义都离不开大纲的支持,亟待加紧教材编写与《等级大纲》之间的联系,增强教材的科学性与适用性。另一方面,韩国也有本土的汉语学习大纲——《教育课程大纲》,在教学实践中不断得到修订发展,但对教材的研究基本还停留在对2009年修订版的研究,尚待与时俱进。因此,建议加紧对教材与《等级标准》、《教育课程大纲》的

① 赵金铭:《对外汉语教材创新略论》,《世界汉语教学》1997年第2期。

研究，增强教材编写出版的科学性与权威性，编制出高质量的中文教材为韩国中文教育服务。

五、结语

韩国是世界上最早将中文纳入国民教育体系的国家之一，韩国的中文教育水平在世界上位居前列。[①] 早在 2014 年就有研究指出，在韩国，中文已超越德语和法语，成为仅次于日语的高中第二大选修外语。[②]韩国中文教材研究伴随着中文教育发展也取得了一定的进展，主要集中在教材编写理念、内容选择、分析评估等方面，研究涉及面也较为广泛，发展态势良好。

然而，近年来数字化、智能化成为研究热点，中文学习者群体多元化、学习需求多样化趋势也日益明显，对教材的要求越来越高。在此背景下，韩国中文教材研究未来发展要适应新形势、满足新需求，具体可以从以下四点拓展研究的空间：一是加强对教材汉字部分的研究；二是注重对教材文化专栏的研究；三是强化对教材立体化建设的研究；四是加紧对教材与标准大纲的研究。在信息技术蓬勃发展、科教融合的时代背景下，如人工智能给中文教育带来的机会与挑战，未来韩国中文教材研究也需不断拓宽思路，深化研究，思考如何以新形式、新姿态迎接挑战并站稳脚跟，促进韩国中文教育的迅速发展。

① 参见李宇明、唐培兰：《论汉语的外语角色》，《语言教学与研究》2020 年第 5 期。

② 参见林晓凤：《韩国高中汉语教材的文化导入问题探析——以第 7 次修订版大纲实施后的典型教材为例》，《鲁东大学学报》(哲学社会科学版) 2014 年第 4 期。

论韩国汉语教育机构的民间化与本土化发展

江志全*

【摘要】 韩国是汉语教育最发达的国家，其汉语教育机构在21世纪快速发展，在韩国汉语教育体系中发挥了重要的作用，满足了本国学生及各界社会人士对汉语学习的多样化需求，其发展体现了海外汉语教育民间化和本土化的大趋势。韩国汉语教育机构的民间化、本土化特点体现了汉语在不同文化中传播的普遍性规律。目前韩国汉语教育机构面临语言市场调整的挑战，需要在招生、教学方式、培训机制和财务平衡等方面进行变革，以适应市场的变化。

【关键词】 汉语教育机构；民间化；本土化；问题对策

一、引言

韩国是目前全世界汉语教学规模最大、汉语教育市场最发达的国家。据不完全统计，韩国5000多万人口中，有1060多万人在学习汉语及汉字，数量居全球首位；每年参加汉语水平考试(HSK)、中小学生汉语考试(YCT)等各类汉语考试的人数达17万人次。①

韩国在学的汉语学习者覆盖社会各个阶层。据延世大学金铉哲2017年的统计数据，小学阶段约4万名，初中阶段约37万名，高中阶段

* 作者简介：江志全，山东大学国际教育学院副教授，硕士生导师。

① 参见柴如瑾、王忠耀：《前所未有的"汉语热"》，《光明日报》2017年10月28日。

约 16 万名，大学阶段约 2.5 万名，研究生数千人，社会人士和公司职员等数量不下数百万，此外，还有 6 万赴中国学习的留学生。[①] 在民间教育机构补习的大部分学生都是成年人，其中，大学生和上班族所占比例在 70%以上，其次为中学生和小学生以及一般人士。2014 年，韩国全罗南道开设的基础教育阶段汉语课程就有 2700 个，在首尔等大城市还有汉语幼儿园应运而生。[②] 韩国的汉语学历教育、学分教育与培训教育相辅相成、协同发展，多层次、立体化的汉语国际教育体系基本成型。自 20 世纪 90 年代以来，汉语培训教育在韩国社会迅速本土化，不断拓展市场，走出了一条民间化、本土化和市场化的道路，逐渐成为汉语教育的重要力量，其发展过程对于海外汉语传播具有重要意义。

二、汉语教育民间化与本土化的内涵

（一）汉语教育民间化

所谓汉语教育民间化，是指在本国国内，汉语教育活动逐渐从政府或正规教育机构向社会民间组织、私人机构、个人教师等非官方渠道转移的过程。在这个过程中，语言学习和教育的主要责任和活动逐渐从传统的官方教育机构（如学校等）转移到社会各个层面，包括私人培训机构、在线教育平台、社区教育项目等。这些机构通常是独立于官方教育机构的私人经营机构，由对汉语教育有兴趣和热情的教育者或汉语专业人士创立和运营。民间化是语言教育领域的一种发展趋势，是汉语教育体系向民间力量参与和主导的模式转变，各种非正规的教育实体参与其中，可以有效满足不同人群的需求。

民间化的语言教育崛起的重要背景是社会及科技的变化。在民间

① 参见金铉哲：《韩国的汉语研究与“汉语梦”》，2017 年 1 月 9 日，https://lt.cityu.edu.hk/Research/cred/repo/2017/LTRF-09.01.2017.pdf。

② 김석영, 한국의, 중국어 교육 위상 변화와 글로벌 중국어 시대의 전망, 제 3 회한·중 인문학포럼, 2017 년 11 월, p.394.

化趋势下，越来越多的私人培训机构和语言教师涌现出来，提供各种语言学习课程和培训服务。这些机构和个人往往更灵活，能够根据学习者的需求和兴趣定制教学内容和教学方式，提供个性化的教学。而随着网络技术的发展，在线语言学习变得更加容易，越来越多的在线学习平台涌现，各种语言学习的课程资源，如语音课程、视频教程、语法练习等极大丰富，学习者可以在家中或任何地方通过网络学习语言，加速了语言教育的民间化进程。

在民间化的语言教育模式下，社区组织、文化团体等扮演了更积极的角色，他们组织语言学习活动、交流会和文化活动，志愿者团体等也参与到语言教育中，开设免费或低成本的语言课程，为那些经济条件有限的人提供学习机会，促进语言的实际运用和交流。

（二）汉语教育本土化

汉语教育本土化是指在本国国内，根据当地文化、社会背景以及学习者的需求，对汉语教学内容、方法和材料进行调整和适应，更好地满足学习者的学习实际需求。本土化的教育旨在提供更贴近学生生活和文化背景的教育体验，帮助他们更轻松地掌握汉语，用于日常交流和应用之中。

本土化语言教育表现在如下几个方面：在教学内容方面，首先，考虑本地社会因素，如学生的年龄、教育背景、职业需求等，将语言教学内容与当地文化、历史、社会背景相结合，以增加学习者的兴趣和认同感；其次，使用本土地道的语言举例、故事和习惯用语等增强学生的理解能力，并将语言教育与地方社交工作等实际应用场景相结合，促进学生在日常生活中更自信、更流利地使用所学语言。在教材方面根据学生的背景和需求，选择符合当地学习者兴趣和需求的教材，或者根据实际情况进行教材的修改和创作，开发符合本土文化和社会背景的教材，使之更贴近学习者的生活环境。在教学方法方面，根据学习者的文化背景和学习风格调整教学方法，将本土文化和实际情境融入教学，从而更好地引导学生学习语言，适应学生的学习风格和能力水平，采用更适合当地学习者的教学策略和活动形式，从而更有效地促进语言学习。在教学评估方面，设计与当地文化和学习目标相匹配的评估方式，更准确地反映学习者的语言能力和实际运用能力。语言教育本土化旨在创造一个更贴近学生实际情况和文化背景的学习环境，提高学习者的学习动力和学习效果，以更好地促进语言学习和跨文化交流。

三、韩国汉语教育民间化与本土化的重要背景

（一）韩国传统文化教育和教育制度发展必然趋势

韩国民间有着悠久的汉语教育的传统，中韩两国的文化交流传统是汉语传播的深厚基础，在韩国形成以汉语为中心的儒家教育传统。在朝鲜半岛的三国时代，就已经建有国立学校（国子学、乡校、学堂）和私立学校（十二徒和书堂）进行汉文教育。在朝鲜王朝，汉文经书教育同样是各级学校教育的主要内容，并出版了《老乞大》《朴通事》等汉语教材。近代以来，虽然经历不同时期的语言政策变动，但汉语一直为韩国最重要的外语之一并在民间社会保持活力。1992 年中韩建交后，韩国对汉语的需求迅速增强，韩国自 20 世纪中叶重新将中文纳入国民教育体系后，中文教育在中、高等教育体系中不断拓展。自 21 世纪初，汉语逐渐升格为高中生的选修课程，高等教育体系中汉语教育更是飞速发展。至 2011 年，韩国教育科学技术部统计，在全国 213 所四年制大学中，约有 140 所开设中国学，每年有 3000 多名学生毕业，毕业率为 66%。[①] 而据金铉哲统计，至 2017 年，韩国共有 91 所研究生院、180 余

① 이현아(李贤娥),김민채(金旼蔡),김영환(金英桓),“국내 중국어교육 관련연구동향분석: 2005 년부터 2014 년까지”,*Asian Journal of Education*,vol.16, no.3(2015), pp.181-208.

所大学、近150所大专、736余所高中、816余所中学和近100所小学开设了汉语或者与中国国学相关的专业。随着汉语在韩国教育体系内的发展，汉语民间化、本土化和市场化教育基础逐渐形成，从21世纪开始，全国各地数量众多的中文培训机构同时大量出现，语言教育机构出现了“百花齐放、百家争鸣”的态势。①

（二）韩国民间机构教育的形成与教育竞争形成正向关系

韩国民间教育机构有着悠久的传统，通过考试选拔人才在韩国拥有很长的历史，科举考试是包括韩国在内的亚洲传统文化的一部分。在当代类似的选拔性考试制度影响下，补习文化在东亚较为发达，韩国、日本、中国的教育都先后进入课外补习阶段，民间教育机构在这样的考试制度中获得了发展的空间。在韩国，教育体制的选拔性考试竞争十分激烈，据统计，1982—2017年，高中毕业生年均为65.2万人，而普通大学年均录取名额为27.5万人。在此期间，只有约42%的高中毕业生被普通大学录取。只有2%左右才能进入所谓的“SKY”大学（指首尔大学、高丽大学、延世大学）。要考上名校“SKY”，必须获得优质教育资源的支持，进入“特目高”（即特殊目的的高中，为特殊领域培养人才的高中）以及类似的初中、小学、幼儿园等。韩国“内卷性”的教育模式产生了“剧场效应”，在教育竞争压力下，各种科目的复读班、各类补习学院等机构快速发展。尽管韩国教育部门采取了诸如增加高校招生数量、对招生程序进行改革等措施，高校可以通过综合评估学生的考试成绩、平时成绩、英语能力和课外兴趣等各方面指标来决定是否招收，但由于招生政策和程序不断地调整，学生及家长更加依赖补习机构和教师来提供帮助，反而扩展了机构的生存发展空间。

（三）中韩经贸关系发展的催化

中韩建交后的30年，双方建立了互惠互利的经贸关系。两国在人

① 参见金铉哲：《韩国的汉语研究与“汉语梦”》，2017年1月9日，https://lt.cityu.edu.hk/Research/cred/repo/2017/LTRF-09.01.2017.pdf。

员交流和经贸合作方面取得耀眼成果。2015 年，中韩签署了双边自贸协定，2020 年，包括中韩在内的 15 个亚太国家签署了《区域全面经济伙伴关系协定》(RCEP)。在中国发展成为经济大国的过程中，来自韩国的技术、投资及发展经验发挥了作用，而韩国能够持续发展并最终迈入发达国家门槛，也离不开中国大市场的推动。两国已形成了深度融合、稳定畅通的产业链、供应链体系。在双方共同努力下，自 21 世纪以来，中韩经贸关系快速发展，互为重要经贸伙伴。2021 年，两国双边贸易额突破 3600 亿美元，双向投资额累计超过 1000 亿美元。① 经贸的发展带动语言文化交流的繁荣，汉语在韩国社会教育、人文、企业培训等领域得到广泛应用，越来越多的韩国人学习中文，使用中文，中文学习在韩国已经成为一种常见的文化消费。

(四)语言能力成为工作竞争增加权重的项目

韩国的经济属于外向型经济模式，需要时刻进行产业竞争。海外市场是其发展的重要依托，因而外语能力尤为重要，在日常工作领域，外语能力是公司录用人才的重要指标之一。中文成为韩国年轻人求职时的一项重要能力，中文程度也成为一些韩国大企业用人标准之一，三星、LG、SK 等近百家知名企业也不断开展员工汉语能力培训，汉语水平考试成绩已经成为许多大企业用人、员工升职的标准之一。同时，韩国公司内部竞争激烈，白领阶层为应对日益激烈的工作竞争，不得不利用业余时间为个人充电加油，补习班和业余班作为充电的便捷高效方式，成为白领阶层进修的首要选择。

韩国的汉语教育机构在上述背景下逐渐发展。截至 2020 年，韩国有 73865 家注册补习机构，所有补习机构加起来预计超过 10 万家，市场规模达 33 万亿韩元，而这些补习机构有一半位于首尔。

① 参见宋宇晟：《商务部：中韩双边贸易额突破 3600 亿美元》，2022 年 5 月 19 日，https://www.chinanews.com.cn/cj/2022/05-19/9758550.shtml。

四、韩国汉语教育机构民间化与本土化发展特征

(一)汉语教育机构的民间化发展

1962 年 4 月,中国教育广播首次在“首尔广播”上播出。20 世纪 80 年代以来,KBS 韩国广播公社开始播放汉语教育电视节目,随后 EBS(韩国教育广播)电台也开始播放汉语的教育节目。1992 年,韩国教育部进行了第 6 次教育课程改革和规划,明确提出外语教学应以运用为目的。国家语言标准中也明确提出汉语学习应使用简体字和汉语拼音方案,废除繁体字和注音符号。经过几十年的发展,中文在韩国形成完善的教育体系,被纳入韩国国民教育,并作为 7 种可选外语之一进入韩国大学升学体系。国家教育部门出台了支持中文学习的法令,制定了各级教育大纲和考试大纲,加快了汉语多层次推广,促进了韩国汉语教育民间化多元发展。根据 2007 年韩国教育开发院的统计资料,韩国有 564 所私立和社会学校,有 30818 所针对准备入学资格考试和补习的教育机构。其中有 360 多所专门从事汉语教育的补习机构[①],仅首尔地区就有 227 家市场化的汉语教育机构[②]。

(二)汉语教材的本土化

教材本土化是韩国汉语教育的重要特征,因为本土教师了解学生学习习惯、容易出现的偏误和使用特点,可以根据教学目标准确把握教学重点,而且本土化教材将韩国的历史、文化、社会实际等元素融入其中,注重形式的多样性和趣味性,能让学生更容易理解和接受汉语知识。至 2017 年,韩国境内出版的中文教材多达 1748 种,其中初级汉语教材就有 400 多种[③],中高级数量略少于初级教材,此外还有大量汉语

① 参见董冠男:《韩国汉语国际教育推广状况的回顾与展望》,https://www.sinoss.net/upload/resources/file/2022/08/26/30950.pdf。

② 김현철,이경진,김주희,이유진, 2015 년 서울시 중국어 교육기관 현황조사,2017 년 3 월, p.57.

③ 参见曹秀玲:《对韩商务汉语教材建设问题的思考》,《对外汉语研究》2007 年第 10 期。

考试辅导教材，其中机构采用自编教材占比极高。韩国所出的教材以初级口语教材为主，面向广大的初级汉语学习者，特别是2000年以后，随着市场需求的改变，本土化教材日益丰富和多样化，听说读写等技能，语法、词汇、发音、简体字、翻译、应用文写作、学习方法、文化、贸易、新闻、旅游、网络，甚至儿童汉语、盲文汉语等全面覆盖。2001年以后，伴随着HSK的考试热潮，HSK辅助教材数量猛增。

(三)师资构成和教学内容的本土化

在汉语机构从事汉语教学的师资，大部分由韩国本土教师、聘用的中国教师两部分组成，此外，还有部分临时聘用教师，但韩国籍教师占多数，尤其是较大的培训机构，本国师资占90%以上。在教学方法方面，相比于中国教学注重汉字的讲解和严谨的语法教学，韩国本土汉语教学侧重于朝鲜半岛的语音和语调特征，注重教学的实用性。韩国本土汉语教学大纲淡化了语言要素和等级能力要求，强调学生学习汉语的实用性，突出交际功能。注重学习者对目的语的使用，有助于增强学习者的学习动机。尤其是在考试辅导方面，针对HSK考试内容的辅导十分发达，拥有完整的真题库和针对性应试方法。

(四)汉语考试的本土化

韩国目前没有官方的汉语等级标准，中国汉语水平考试(HSK)在韩国得到广泛认可，韩国大学和公司普遍承认中国官方的HSK等级证书，但为了适应韩国学生的实际情况，韩国也开发了一些本土汉语水平考试，如汉语口语考试(Test of Spoken Chinese，TSC)、外语能力考试(Foreign Language Examination，FLEX)等。还有汉语能力考试(Chinese Proficiency Test，CPT)，由时事汉语文化院主管，中国语言研究所出题。1998年开始第一次考试，每年举办两次考试，为韩国考生提供了汉语能力认证的另一个选择。CPT仿照英语TOEIC的出题方式，以测定考生的生活语言的交际能力为其考试特色，较符合一些企事业单位对于人才的外语实际沟通能力的要求。

此外，还有两个较有影响并可以取得相关资格证书的考试：韩国文化观光部主管的导游汉语口译考试以及由韩国翻译家协会、国际翻译家联盟及联合国教科文组织驻韩办事处联合主管的汉语翻译能力认证考试。由于韩国文化观光部主管的导游汉语口译考试通过后，可携证直接上岗担任导游，因此报考的人很多，在民间影响力较大。

五、韩国汉语教育机构现状及存在的问题

（一）韩国汉语教育机构现状

1.汉语教育机构的市场规模与市场需求相互关联，汉语教育补习班的数量浮动较大

小型机构多是个人独资经营，规模小，师资有限，经营状况良好时会有几十甚至上百名学生，状况不佳时会更少。大型连锁机构经营多元化，学员数量较为稳定，一般维持在数百人。如 2014—2016 年在英语培训市场萎缩的背景下，以 pagoda 为代表的大型汉语培训机构却逆势扩张，销售规模不断扩大。

2.汉语教育市场规模与英语、日语等语言相比还存在较大差距

尽管汉语市场规模在 21 世纪迅速增长，但是目前汉语教育的市场规模仍与英语、日语等语言存在较大差距，总体规模尚不足英语教育市场规模的 4％。根据韩国统计局的《2017 年私立教育支出调查》，韩国中小学的私立教育支出总额约为 18.6 万亿韩元，约占同年教育预算总额(61 万亿韩元)的 30％。[①] 2021 年，韩国私立教育总支出约为 23 万亿韩元，英语教育支出总额为 7.14 万亿韩元，而用于汉语培训的支出

① 박윤수, 강창희, 고영우, 대학규제와 사교육에 관한 연구, 한국개발연구원 (KDI), 2018 년 9 월, p.53.

仅为 0.21 万亿韩元。[①]

3.语言在线教育发展迅速，影响中小语言培训机构的发展

近年来，语言教育随着互联网的发展向在线教育转变，尤其是疫情期间，大型机构通过网络平台提供虚拟教室和多样化汉语课程，学习形式更加灵活便捷，获得了生源；有实力的大型教育机构通过在线教育有效拓展了市场，但小型机构不能及时转型，更容易受到冲击。

4.疫情后语言市场处于调整期

受到疫情和经济社会等外部因素影响，在疫情后，包括汉语在内的韩国语言市场受到不小的冲击，语言教育机构面临招生规模缩小、市场萎缩、师资流失等现实困难。有教育机构招生规模甚至缩减一半以上，部分小型教育机构遇到困难，处于停业或歇业状态。韩国汉语教育市场正处于深度调整时期。

（二）存在的问题

1.在教学方面，一些机构主要在中高级汉语教学环节存在问题

表现在应试色彩浓厚，忽视了对学生兴趣和语言实际运用能力的培养。参加机构培训的学员一般目的性较强，除了学习汉语、提高汉语水平之外，通常需要通过相应的等级考试，机构的目的导向性教育较为明显。汉语教育内容广泛，其中文化教育、文学教育、国情教育等也是汉语不可或缺的重要载体，机构教育通常不够重视这方面，内容不够多元化。还有部分汉语教育机构注重短期效果，缺乏长期完善的学生评估体系，难以准确衡量学生的语言进步和能力。

2.对于机构教师培养缺乏针对性和长期性

目前在机构执教的教师为具有中国留学背景的韩国籍教师，不少具有硕士学位，但因其长期专注教学，课程量较大，对汉语本体研究不

① L. Yoon, "Total Expenditure on Private Education in South Korea in 2022", Sep 5, 2023, https://www.statista.com/statistics/1042882/south-korea-total-spending-for-private-education-by-subject/.

足。语言教学与研究相互促进,汉语教师需要交流培训,掌握汉语和有关中国情况的最新知识,不少机构对教师缺乏长期培养机制。

3.韩国汉语教育市场缺乏统一的教学标准和认证体系

机构汉语课程的质量和教育水平参差不齐,一些机构和学校的汉语教学方式较为传统,小型机构依赖教师个体素质,一旦在师资方面存在问题,教师素质的差异,包括教学方法、沟通能力以及对学生个体差异的关注能力等的差别,会使得教学质量产生较大波动。

4.学费和财务问题

商业化是汉语教育机构的重要特征,但机构语言教育容易过于商业化,如果将盈利置于教育质量之前,可能影响学生的学习体验。因此,汉语教育机构的学费水平需要在保证教育质量的前提下,保持合理和可持续性。同时,学院需要有效管理财务,确保可持续发展,两者之间需要平衡。

六、未来的发展趋势和对策

(一)学员的招收和保留

吸引更多学生并留住他们是韩国汉语教育机构发展的关键。汉语教育机构需要不断改进招生策略,提供奖学金或其他激励措施,以吸引并留住更多学生。同时,为学生提供支持和关怀,保持情感联结,以确保他们获得良好的学习体验,有助于学生坚持学习汉语。

(二)改变传统教学方法,注重多媒体教学

如今,在线教育在全球范围内都取得了巨大的发展,韩国的在线教育市场预计到 2027 年用户数量将达到 1090 万。2023 年,在线教育市

场的用户渗透率达到16.8%。[①] 教育机构需要抓住市场机遇，继续推动汉语在线教育的持续发展，开发提供各类在线汉语课程，为学生提供更加灵活和便捷的学习方式。加强新型教育技术在在线教育和移动端教学的应用。将虚拟现实(VR)、增强现实(AR)等技术用于创造更具沉浸感的学习体验，提高学生的参与度和兴趣。汉语教育机构要创新教学方式，根据学生的不同水平、学习风格和兴趣提供更具个性化的教学方案。

（三）建立多种形式的培训机制，提高本土汉语教师的教学能力和教学水平

机构需要定期举办教学研讨会，让教师们分享自己的教学经验、教学方法和教材设计；为本土汉语教师提供交流机会，让他们有机会在其他教育机构甚至国际上观摩、交流教学经验，从而拓宽视野和提升能力；向教师提供丰富的教学资源，包括教材、多媒体资料、教学工具等，以支持他们的教学工作；设立教师的职业发展通道，包括晋升、加薪等激励机制，使教师有动力不断提升自己的教学能力。

（四）融合汉语与职业教育，利用中国文化提高汉语教学质量

随着汉语在商务和职业领域的需求增加，汉语教育机构需要更加关注培养学生在职场上实际应用的能力，并提供相关的认证课程。此外，需要推出更多元化的课程，涵盖汉语文学、文化艺术、汉语电影等，将语言教学与中国历史、艺术、哲学等学科知识结合起来，满足学生不同领域的需求，帮助学生从多个角度了解和学习中国文化。

（五）探索可持续发展之路

为了保持汉语教育机构的可持续发展，还需要有效管理财务资源，积极寻求拓展各种资金来源，如政府基金、企业赞助、捐赠等，保证机构汉语教育的长期发展。

① Statista Market Insights, "Online Education-South Korea", https://www.statista.com/outlook/dmo/eservices/online-education/south-korea.

七、结论

民间化、本土化和市场化是语言传播发展的必然要求。语言的跨文化传播是一个传播主体和接受主体互相合作、外力内力协同的过程，从根本上说是接受主体主动的过程。语言传播的本土化能够发挥主体能动性和主动性，因而更有效率、更持久、更具有活力，但同时也需要跨国交流，与全球同行保持合作，才能更好地本土化。市场化是语言传播的推动力，能够助推语言的高效合理推广，同时也要避免过度市场化的负面效应。

语言国际传播是全球化背景下经贸、政治、文化和社会交流的产物，汉语的国际传播离不开稳定的国际政经环境、持续的国际经贸发展和全球化的深入进行。需要全球各国文化传播者共同勉力前行，推动国际合作、文化交流和人民互相深入理解。

语言教育机构生存和发展必须结合市场，以本土化的方式进行。当前，汉语教育机构的发展与汉语市场关联度越来越高，一方面扩大了汉语传播的范围，另一方面市场波动也会给相关机构带来压力。机构发展需要加强对语言传播规律的研究和市场调研，防止市场化带来的不利因素影响。

从韩国版《博雅汉语》看国际中文教材的本土化改编

李昊天*

【摘要】 中文教材版权输出成为中国图书版权输出的一个重要方向。在国际中文教育重镇韩国，有多种从中国原版引进的中文教材。引进过程中，韩国出版社对教材进行了不同程度的改编，较好地实现了通用性和本土性的融合。本文选择《博雅汉语》与其韩国版《地地道道中国语》作为研究对象进行个案分析。从形式（包括全书体例、单课体例、装帧设计）和内容（包括语音、词汇、语法等语言要素）两个方面进行对比分析，概括韩国国际中文教材本土化改编的特点，并提出国际中文教材本土化改编的建议，例如，增强教材内容的针对性；提高教材内容的科学性；完善教材配套资料，探索数字化出版模式；等等。

【关键词】 韩国中文教学；国际中文教材；版权输出；本土化

一、版权输出类中文教材现状

为顺应世界各国中文教学需求，中文教材版权输出成为中国图书版权输出的一个重要方向，“中文热”带动中文教材出版热和图书版权输出热，无论在数量上还是品种上均迅猛增长。

在国际中文教育重镇韩国，中文教材销量也连年上涨。目前，韩国

* 作者简介：李昊天，山东大学国际教育学院副教授，硕士研究生导师。

书店在售的中文教材中，初级水平的已超过400种①，其中不乏从中国原版引进的中文教材(见表1)。这些教材大多是学界认可的高质量通用型教材，在引进过程中对教材进行了不同程度的改编。经改编出版后的部分教材在当地十分受欢迎，被各大高校中文专业或汉语培训机构所选用，在中文教材市场上销量领先。

表1　韩国部分版权输出类中文教材

序号	原书名	原出版社	韩国版书名	韩国出版社	备注
1	《HSK标准教程》	北京语言大学出版社	《标准中国语》	多乐园出版社	
2	《汉语会话301句》	北京语言大学出版社	《301中国语会话》	多乐园出版社	
3	《汉语口语速成》	北京语言大学出版社	《新攻略中国语》	多乐园出版社	
4	《说汉语》	北京语言大学出版社	《新说汉语》	多乐园出版社	
5	《发展汉语》	北京语言大学出版社	《发展汉语》	多乐园出版社	只出版阅读、口语、听力的初中级版本
6	《博雅汉语》	北京大学出版社	《地地道道中国语》	时事中国语社	只出版初级起步篇
7	《新概念汉语》	北京语言大学出版社	《新概念中国语》	多乐园出版社	
8	《汉语听力速成》	北京语言大学出版社	《新攻略中国语听力》	多乐园出版社	

① 参见金铉哲：《韩国汉语教材现状及研发》，《国际汉语教学研究》2015年第2期。

续表

序号	原书名	原出版社	韩国版书名	韩国出版社	备注
9	《初级汉语听力》 《中级汉语听力》 《高级汉语听力》	北京语言大学出版社	《中国语听力大师》	多乐园出版社	
10	《易捷汉语:实用会话》	北京大学出版社	《易捷汉语:EASY中国语》	China Press出版社	
11	《汉语口语345》	北京语言大学出版社	《汉语口语345句》	时事中国语社	
12	《拾级汉语》	北京语言大学出版社	《目标达成中国语》	JRC books	
13	《初级汉语口语》 《中级汉语口语》 《高级汉语口语》	北京大学出版社	《新汉语口语》	瞳养书库	
14	《汉语教程》	北京语言大学出版社	《汉语教程》	时事中国语社	

二、韩国版权输出类中文教材个案分析

本文选择《博雅汉语》(韩国版为《地地道道中国语》)作为研究对象进行个案分析。选择该套教材的原因主要有两个:一是在经过韩国引进改编之后,《地地道道中国语》在当地中文教材市场上位于畅销书之列,被大量中文学习者使用,市场接受度较高;二是《博雅汉语》是体系完整的综合性教材,在国内外被广泛使用,影响力大。

《博雅汉语》(以下称“原版教材”)是2004年北京大学出版社出版的综合教材,由北京大学教授李晓琪主编。相应的韩国改编版由韩国东国大学中文系 한용수 教授改编,由 시사중국어사(时事中国语社)于

2008年出版，名为《地地道道中国语》(以下称“改编版教材”)。由于全套改编版教材所对应的是原版教材初级起步篇两册，因此，本文聚焦于初级阶段教材进行分析。

(一)形式上的改编

1.全书体例

原版教材与改编版教材整体结构对比见表2。

表2　体例对比

对比项	原版教材	改编版教材
册数	2册	4册
总课数	55课(每5课设一复习课)	56课(将原版教材单列的拼音改为第1课)
全书体例	1.文前部分(目录、前言、编写说明、人物介绍、略语表) 2.课文 3.附录(课文译文、词汇表)	1.文前部分(前言、使用说明、教学内容汇总表、人物介绍、目录) 2.课文 3.附录*(词汇表)
配套资源	CD光盘	CD光盘、网络资源(练习题答案及课文韩语译文)

*第一册不设附录。

两者的差别主要有以下几点：

其一，从教材容量上看，改编版教材基于韩国各教育机构教学总时数少于中国的情况，将原版教材进行拆分，各册课数大幅减少，以便于各类教学项目在额定的教学时数中完成全书内容教学。在对原版教材进行拆分时，改编版教材注重全系列教材的整体统一性，将原版教材单列的语音教学内容列为第1册第1课，从而使得各分册均设有14课教学内容。此外，改编版教材取消复习课的设置，在课文与原版教材保持一致的前提下，为该课增设语言点，使其在体例上与其他各课保持一致。

其二，从板块设置上看，改编版教材更加完备。改编版教材在文前部分设有“使用说明”及“教学内容汇总表”两个板块。前者向读者介绍每一课中各个固定板块的基本情况与使用方法，后者整体呈现全书语法点并配有例句，便于读者在翻阅教材之初即能详细了解全书内容。而在线资源所提供的课本练习题参考答案，则为教师提供教学范本，也有助于学习者进行自我检测。

其三，改编版教材的前言及人物介绍部分，也根据韩国教材的出版惯例进行了调整。原版教材设“前言”及“编写说明”两大部分。前言对整套书系及每一分册的编写理念、教学容量、选词标准、预期教学效果等进行了详细的描述，而编写说明则着重介绍每一分册的词语数量、文章体裁及长度、单元构成等。改编版教材将原版教材上述两部分进行合并，简要介绍编写理念及教材特点，弱化具体数据的呈现，希望通过鼓励性的感性陈述吸引读者的关注。在教材人物设置上，改编版教材将原版教材中的加拿大学生玛丽更换为韩国学生金美英。

2.单课体例

原版教材与改编版教材单课体例对比见表 3。

表 3　单课体例对比

原版教材	改编版教材
课文	主要学习内容（本课语言点）
生词语	生词
专有名词	课文
注释	注释
语言点	句型操练
练习	练习
	特色板块

首先，分析改编幅度较小的课文与练习板块。从形式上看，两本教材课文部分的区别在于拼音的标注形式。原版教材是汉字课文与拼音课文分列，便于学生进行汉字认读，避免出现只认拼音、不识汉字的现象。改编版教材将拼音标注于每句课文下方。调查显示，这种编排方式是韩国学习者认为最便于学习的编排。① 韩国中文学习者基本都具有汉字认读的能力和水平，且初级学习者并非都具有应试动机，部分学习者（尤其是老年人）仅是兴趣爱好，随文标注拼音可降低学习难度，有助于学习动机的保持。在练习上，改编版教材对题目版式进行了重新设计，练习中出现的生词均采用随文注释的方式，并非采用原版教材在文末设置“补充词语”的板块设计。此外，改编版教材为需要书写的汉字增加了描红练习与书写空格，方便读者练习。

其次，分析改编幅度较大的词语与注释（语言点）板块。词语板块，原版教材将该部分置于课文后，而改编版教材将其置于课文前，并将原版教材中的生词语、专有名词两个板块合并，使专有名词按文中出现的顺序插入生词语中，这符合韩国中文教材的出版习惯。在生词的标注方式上，改编版教材的标注顺序依次为汉字、拼音、词性、词义，而原版教材中拼音和词性的顺序与之相反。对韩国学习者来说，改编版教材的生词排列方式更受欢迎。② 语法板块，原版教材设语言点和注释两部分，分别用于讲解重要语法和简要说明课文中出现的语言现象或相关中国社会常识。改编版教材将两者合并，统一命名为“注释”板块，并对原版内容进行了必要的补充，增加少量语言点的讲解。

最后，分析改编版独创的板块。这包括主要学习内容、句型操练、特色板块等三部分内容。教材首页是韩国出版的本土中文教材的固定页面，主要设置课题、教学目标、主要教学内容等。改编版教材沿用了

① 参见金主希：《韩中初级汉语教材对比研究》，北京大学硕士学位论文，2012 年。
② 参见金主希：《韩中初级汉语教材对比研究》，北京大学硕士学位论文，2012 年。

韩国教材的这一出版惯例，增设“主要学习内容”板块，将本课语言点逐一列出，提示本课主要内容。改编版的“句型操练”板块源自原版教材练习板块的替换练习，并将其单列为一个独立的板块。原版教材重视句型操练，每课的练习部分一般设替换练习（部分单元复习课除外）。改编版教材将这一练习单独组成“句型操练”板块，放在了语法之后、综合练习之前，更加突显了句型操练的重要性，也提示学生应在扎实掌握重要句型的基础上，完成综合练习。特色板块并非每课固定板块，包括中国文化与补充词汇两个方面。从表4可知，该部分内容并非规律性分布于教材中，特色板块的主题内容与该课功能项目并不一致。

表4　特色板块基本信息

课序	该课功能项	特色板块类别	内容主题
第2课	打招呼	中国文化	中国春节
第4课	指认物品	补充词汇	快餐用词
第6课	谈论方位	中国文化	舞狮
第9课	询问号码	补充词汇	各类衣服名称
第13课	谈论正在做某事	中国文化	汉语中的脏话

3.装帧设计

整体来看，两版书的视觉效果相差甚大。原版教材为黑绿双色印刷，版式传统，设计守旧。而韩国出版的语言类教材，几乎全部采用彩色铜版纸印刷，并且讲究色彩的搭配与运用。因此，改编版教材采用全彩印刷，封面设计活泼时尚，内部着色清新柔和，和谐相配，且分模块分颜色进行排版，背景介绍、课文、句型解释、语法讲解等模块都有独立页数分配，结构清晰、排版宽裕，不易让人产生视觉疲惫，并有适当的留空设计，方便学习者记笔记。由于插图可以发挥解释性、扩充性和趣味性等功效①,改编版教材对全书插图进行了整体设计,在课文与练习部分插入大量的图片,提升了教材的视觉效果。美观醒目的装帧设计符合韩国语言教材设计的整体趋势,迎合了韩国学习者的审美要求。

(二)内容上的改编

1.语音部分

在语音部分,改编版教材根据韩国学习者的实际情况进行了较大幅度调整。原版教材将声母与韵母以表格的形式一并给出,改编版教材对声、韵母进行了拆分,分别讲解每个拼音所对应的韩语发音,并适时提示发音口型。在朗读、辨音练习中,改编版教材全部增加韩语译文,进行有意义的练习。

2.词语部分

在每课的词语选词上,两版教材保持一致。由于对生词进行韩文注释可帮助学习者更快地掌握教学内容,提高学习效率,因此,改编版教材将原版教材中的英语释义更换为韩文,并对释义进行了较为全面细致的考量,这是教材本土化处理的一个突出表现。

3.语法部分

语法部分为改编版教材在内容上对原版教材改编幅度最大的部分,两版教材第一册语法项目对比如表5所示。

表5 语法项目对比

课题	原版教材	改编版教材
你好!	"是"字句 用"吗"的疑问句	问候语 动词"是" 否定副词"不" 疑问句 动词"叫"

① 参见刘海娜:《初级汉语综合课教材插图研究与设计》,暨南大学硕士学位论文,2011年。

续表

课题	原版教材	改编版教材
你是哪国人？	“们” “也” “呢(1)”	疑问代词“哪” 复数形式“们” 副词“也” 疑问助词“呢”(1) 动量词“一下儿” *在……上*
那是你的书吗？	“这”/“那” 特殊疑问句 定语	代词“这”“那” 特殊疑问句 定语“的”的用法 不是，是…… 就是 *在……里*
图书馆在哪儿？	“在”/“是” “哪儿” 方位词(1)	动词“在”和“是”的区分 疑问代词“哪儿”(2) 对不起 方位词(1) 副词“不用”
在东方大学的西边。	(该课为复习课， 不设语法点)	*在……外* 名词“时候” 话法 方位词“旁边”
现在几点？	钟点表示法 数字表示法	时间表示法 数字表示法 太……了 一会儿
明天你有课吗？	“有”字句 “吧”(1) 方位词(2) 时间名词作状语	“有”字句 语气助词“吧”(1) 省略号 方位词(2) 时间名词作状语 听说

续表

课题	原版教材	改编版教材
你的电话号码是多少？	号码表达法 “几”和“多少”(1) “呢”(2) “吧”(2)	不过 号码表达法 “几”和“多少”(1) 疑问语气助词“呢”(2) 语气助词“吧”(2) 副词“就”
多少钱一瓶？	“几”和“多少”(2) 量词 “二”和“两” 钱数表达法	“几”和“多少”(2) 量词 “二”和“两” 钱数表达法 师傅
你家里有几口人？	（该课为复习课，不设语法点）	连词“和” 副词“只” 副词“还” 这样
北京的冬天比较冷。	形容词谓语句 “怎么样” “不A不B”	不＋太＋形容词/动词 形容词谓语句 代词“怎么样” 不A不B 不常 副词“最”＋形容词
你在干什么呢？	“正在/在……呢” “从……到……”(1) “每……都……” 星期表达法	“正在/在……呢” 动词“做” 从A到B(1) 每……都…… 副词“就”(2) 星期表达法

续表

课题	原版教材	改编版教材
我去邮局取包裹。	连动句 “先……然后……” “A 不 A”和“V 不 V” “咱们”和“我们”	连动句 “先……然后……” 正反疑问句 代词“咱们”和“我们” 打算 还可以
总计	36 个	69 个

注:①表中加下划线的语法项目为改编版新增语法项目。

②表中用斜体表示的语法项目为改编版新增语,且是在课文背景介绍中出现的语法项目。

③表中用阴影部分表示的语法项目为改编自原版教材“注释”部分的语法项目。

④表格中(1)(2)分别代表该语法点在整套教材中第几次出现。

改编版教材语法部分具有以下特点:

(1)语法点数量大幅增加

改编版教材第一册 13 课(不含发音部分)共有 69 个语法点,平均每课语法点数量为 5.3 个,这两项数据比原版教材分别增加 33 个和 2.5 个。语法点增加的主要原因:第一,改编版教材取消了原版教材“注释”板块,将原版教材中的 9 个注释点列入语法点;第二,原版教材每五课设一复习课,该课不设新语法点,改编版教材取消了单元复习的方式,并根据课文内容增加了新的语法点;第三,改编版教材将课文背景介绍中的部分语言现象列为语法点。

(2)语法知识讲解翔实

由于原版教材对于语法点的解释力求“简明”,因此,教材中语法知识讲解内容极其精练,甚至不讲解只给出使用结构,并且例句不出现生词,中文讲解后配有英语译文。改编版教材对语言点讲解进行了全面的改编,使用韩文详细讲解所涉及的中文语言知识,并适时在例句中使用生词，随文标注词义，起到扩展词汇量的目的。

(3)语法点设计追求细节

改编版教材对于语法点的标注与选取注重细节处理。对于以词的形式出现的语法点，均标注了词类，如副词“也”、连词“和”等。对于母语者习以为常但韩国学习者感到陌生的语言现象，则给予必要的补充，如“省略号(的用法)”等。

4.课文部分

课文是一部教材的主体以及精髓所在，也往往是决定教材优劣的关键点。由于原版教材课文内容为母语者编写，且遵循“课文语料自然、严谨”的理念，完成度较高，因此改编版教材基本完全沿用了原版教材的课文内容，仅在个别词语使用上进行本土化处理，如将文中提到的《汉英词典》改为《汉韩词典》等。

三、韩国版权输出类中文教材改编建议

版权输出类中文教材是由中国原版通用型教材转变而成的海外本土教材。整体上看，该类中文教材大多是在形式上进行调整和修正，对原版语言内容的改动不大。通过上文对《博雅汉语》与《地地道道中国语》的对比分析，本文认为韩国版权输出类中文教材在对原版教材进行改编时，可从以下几个方面进行有效提升。

(一)增强教材内容的针对性

中国作为中文母语国，编写的国际中文教材语言地道，表达规范，又有系统性和科学性，这是绝对的优势。但通用型教材缺乏针对性，仅对从中国引进的教材进行简单的改编和翻译，教材内容的本土化并不彻底。[1] 改编教材时应考虑到海外学习没有中文语言环境的客观情况，

① 参见金铉哲:《韩国汉语教材现状及研发》,《国际汉语教学研究》2015 年第 2 期。

针对韩国人的学习风格与中文学习难点进行有针对性的改编。

例如在词汇方面，中文中离合词的用法比较特殊，韩文中没有对应的词类，韩国学生很难把握其用法，经常出错，若对这类词的词性进行明确标注，有利于引起学生足够的重视。在语法方面，应结合韩国学习者的常见偏误类型，在语法讲解、补充语言知识中侧重容易产生偏误的知识点，加强中韩两种语言的对比研究，并将相关研究成果用于语法讲解中。在练习方面，可根据韩国学生的易错点设计相关题目，并增加听与说的训练，弥补缺少中文使用环境的客观负面影响，提高练习设计的有效性，促进学生各项语言技能的均衡发展。在文化板块，应增加所介绍的文化项目与该课话题之间的相关性，建立语言与文化之间的关系。重视物质文化知识与精神文化知识的比例，强调知识文化与交际文化并重，并适当增加当代文化介绍，避免出现仅展示中国传统文化的情况。此外，还应注重培养学习者的跨文化交际意识。注重中韩文化对比，培养学习者的本土文化输出能力，表达自己最熟悉的事物，杜绝“本土文化失语”现象的发生。

(二)提高教材内容的科学性

作为语言学习类教材，教学内容的科学性应是编者重点关注的方面。通过对《地地道道中国语》进行仔细阅读，可发现其部分改编内容存在不科学、不准确的情况。

例如，语音讲解部分，将汉语的声、韵母完全用韩文发音进行对应(如将“r”对应为韩文中的“ㄹ”)，易使学生在发音上受到母语负迁移的影响。部分例句存在语病或在中国人的生活中并不会实际使用的问题，如语言点“就”的例句，“他就来，再等一会儿”部分被列为语法点的语言形式，如“叫(我叫大卫)”“师傅”“对不起”“做”“打算”“听说”等，并非带有重要语法功能的词语，而“在……上”“在……里”“在……外”三个语法点均只出现在课文场景介绍中，并非课文内容。上述词语或语言形式不应列入语法点。此外,由于进行语法讲解时过于追求内容详尽,导致解释部分出现过多语法术语,虽用韩文标注,但也大大增加了学习者的理解难度。

(三)完善教材配套资料,探索数字化出版模式

在追求教材立体化建设的当下,仅出版课本及光盘难以满足当下中文学习者的学习需求。开发教师用书、练习册、词语卡片、同步阅读、同步测试等丰富的教学资源应成为提升教材质量的重要举措。

数字出版是出版业的发展趋势。在"互联网＋"时代,在传统出版向数字化转型过程中,中文教材仅有优质的内容还不够,传统的教学组织方式和教学资源呈现形式已难以满足新媒体时代的教学需求。教材出版方应紧跟时代潮流,努力促进"科技赋能",运用"大数据＋云计算＋人工智能"等创新技术,积极开展数字出版,探索提供智能化、数字化资源与服务的方式。如制作视频讲座、开发同步学习 App、构建数字出版发布平台等,以更好地对接在线中文学习需求,满足采用现代化手段进行中文学习外的学习者的需要,力争形成一套更加系统、规范、科学、适切的课程资源服务体系。

随着国际中文教育事业的发展,越来越多的优秀中文教材走出国门,通过版权输出的方式,在国际舞台上发挥着重要的作用,受到各国中文学习者的喜爱。国际中文教育领域主流出版社应根据自己的出版特色和出版优势,进行国际化发展的"顶层设计",把版权输出上升到发展战略的高度,加强与境外专业出版社的合作,规划并研发既符合政策导向又符合市场需求的产品,为中国文化"走出去"贡献力量。